台灣論風暴

小林善紀正確表現李登輝
——評《台灣論》

黃昭堂／台灣獨立建國聯盟主席

曾蟬卿專訪

　　最近日本漫畫《台灣論》中譯本在台灣上市，引起不少評論。事實上，這本在日本暢銷廿六、七萬冊的漫畫，也在日本造成熱烈討論，這是作者小林善紀銷售七百餘萬冊漫畫後，又一部引人注目的作品。

　　總體來說，這本《台灣論》對台灣很有幫助，因為長期以來，日本人對台灣雖然有許多投資，日本對台貿易占日本第三位，每年人的往來也有一百五、六十萬，雙方不能說不了解。但依我觀察，日本人對台灣的了解還不夠，因為日本的媒體很少報導台灣，台灣好像沈在海底一樣。這本書似乎讓透明的台灣逐漸出現一個型態，帶給日本非常豐富的資訊，內容不只包含政治，還有經濟、國際關係、哲學觀、國家定位，甚至是好吃好玩的地方。

總體來說，對台灣很有幫助

我對這本書的評價很高，也讓我因此對漫畫家另眼相看，原來漫畫也可以相當有深度。至於其內容，大家都可提出批評，但整體來看，對台灣是很有幫助的一本書。

其中對於李登輝提到：「大家都會這樣認為，如果台灣未曾經過日本統治的話，今天的處境恐怕比海南島還要淒慘吧……」引起許多批評。以我來看，這句話雖稍有美化日本之嫌，但結果可能沒錯，如果台灣繼續被清朝統治，勢必歷經辛亥革命、各種暴亂、共產黨革命、文化大革命，其結果台灣一定更慘。

全書引起最多討論的，就是小林對日本統治台灣的評價。有些人對此不高興，其實他們不高興的並不是小林這麼說，而是他筆下的李登輝的說法。

關於這一點，我認為對李登輝先生不大公平。每個人都有人生過程，感受不同，像李登輝這種年紀的人，有相當經驗可以比較日本跟中國國民黨的統治。其實，兩者都是外來政權，沒有什麼好或壞，「殖民地沒有善政」是一定的道理。

用漫畫來表達，會讓更多人了解台灣歷史

　　過去國民黨時代把日治時代描寫得太壞了，好像一無可取，即使日本統治也有那時代的好處，而國民黨統治台灣時，也有日本統治時所沒有的好處，都有好有壞，被統治者只能比較哪一個好，這種比較根本就是太悲慘了，台灣人不是主體，只能被人家弄來弄去，頂多比較一下哪個好一點壞一點。

　　每個人對台灣都有其價值觀，李登輝當然也有李登輝的看法。有人批評他身為中華民國總統，不應對日本評價太好，我若替李登輝忖度他的想法的話，可以說，他在日本時代一路走得平穩，平安念到大學，這是他的一種經驗；在國民黨時代，他受了很大的虛驚，也是一種事實，要怎麼改變他的想法呢？他當總統，就不能講他心裡的話，這也是不對的。

　　他有一段時間恨國民黨，這沒有大錯誤，去問問吳伯雄有沒有恨過國民黨。李登輝是想什麼講什麼的人。按照我的判斷，書中內容有關李的部分，充分正確表現李登輝的想法。

　　而且，現在我們面臨一個很強大的對手，中國一直不放棄武力攻打台灣，我們要尋求我們的朋友，可能日本就是尋求的對象之一。

　　小林對台灣人來講是個外國人，他對李登輝、陳水扁兩位台灣政治家捧得那麼高，我們應該歡喜才對，如果反過來台灣有漫畫家對日本政治人物捧得那麼高，大家會覺得怎麼

樣？

　　也可以這麼說，現在日本政治家，幾乎沒有可以跟這兩位媲美的，可以受到外國人這麼尊重、褒揚，應感到榮幸。我在日本也聽有些人對我說：「如果我們日本有像李登輝一樣的人物，不知道有多好。」

我斷定，日本沒有軍國主義再生的危險

　　這本書對台灣也有很多啟蒙的作用。過去台灣的歷史很多被掩蓋，這十年對台灣的歷史有些書籍出來，但不會有太多人去讀，用漫畫來表達，會讓更多人了解台灣歷史，當然裡面的價值觀如何，由每一個讀者自己去判斷。

　　有些人對小林或李登輝的歷史觀反對，細究起來大多數是統派，怪不得他們批判。這是一種歷史觀的衝突，用台灣史觀或中國統治台灣的史觀，要站在哪一種史觀，判斷出來的結果當然不一樣。現在報紙大部份是統派，不喜歡有日本色彩在裡面，也不喜歡有台灣自己的歷史觀。

　　我本人研究台灣很久，但有些東西我卻是透過這本書才知道，比如說金門的情況如何，讀了這本書我才領會到我所不知道的金門。

　　有些批評者擔心日本軍國主義再起，以我在日本三十幾年的經驗可以斷定，日本沒有軍國主義再生的危險，沒有可能性，甚至現在若有人說要把台灣奉送給日本，他們也不敢

接受,這一點我們不要老關在幻想的軍國主義中。日本經過戰後五十年,了解到和平反而能帶來繁榮,日本歷史上沒有這麼繁榮過,而且這是建立在日本自己的四個島上,完全不用靠外國的領土,沒有殖民地,不必為殖民地的抵抗而操心,日本現在反而能毫無顧忌地發展經濟。

台灣的國家認同問題,讓小林嚇了一跳

小林見過兩位總統、一些實業家和一般人民,他的取材相當廣泛,在短短一年間在外國「探險」,能做出這樣的成果,令我欽佩。我是一個研究者,我不認為自己能在一年內就可以對一個國家有這麼充分的了解。

有關台灣人的國家認同問題,讓小林嚇了一跳,為什麼一個國家內對自己的國家認同這麼多樣化。我也從這本書了解到李登輝反對民族主義,大概他認為提到民族主義,指的就是中國民族主義,就認為民族主義不行,要國際化。

但我要反問李登輝先生:我們台灣人就是台灣人,要建立台灣民族,是理所當然的。其實要國際化前總要先知道自己是什麼人,如此才能國際化,否則成為無籍遊民,反而不知道自己是什麼人。

小林由於對日本現狀不滿,因此藉台灣來教育日本,雖然我不覺得台灣比日本好多少。李登輝究竟能不能代表台灣,雖然大家有疑問,但對作者而言,李登輝是在選舉得到

百分之五十四支持的人，他所講的，作者會感覺代表百分之五十四。

　　《台灣論》賣這麼好，不是日本人對台灣突然重視或感興趣，而是搭小林善紀一系列暢銷書的便車，由於他畫得有深度、有新觀點，才會引起注意，這對台灣來說，是意外撿到了便宜。

（原載於財訊月刊2001年3月號）

由「仇日」到「知日」
——對小林善紀《台灣論》的思考

施正鋒／淡江大學公共行政學系副教授

　　《台灣論》原本是要寫給日本人看的，小林善紀相信他在台灣找到日本人足以為傲的東西，希望戰後頹廢的日本人由台灣找回失去的「日本精神」。他的台灣史觀大致符合一般台灣人的想法，迥異於國民黨灌輸的大中國意識；他毫不掩飾其強烈的反中國心態，統派人士自然要大加撻伐。

　　就一個尋找真正的(authentic)日本的日本人而言，小林善紀算是「心靈上的離散日本人」(spiritual Japanese diaspora)；所謂離散者，是指一個被迫遠走他鄉、卻又無時不刻關心故鄉安危者。小林善紀並不是「灣生」的「二世」，也非台灣人；他關心的是一個想像中的日本，而台灣恰好是現實中獨一無二的代替品。

　　小林善紀在台灣不只看到殖民統治，他又驚又喜，彷彿一個巴黎人來到加拿大魁北克、瑞士洛桑、西班牙瓦倫尼亞，竟然活生生看到另外一個遙遠的日本、一個本土之外的

日本。禮失求諸野，在日本蕩然無存的東西，卻在台灣完整地冰存起來。對他來說，老一輩的台灣人（日語世代）才是真正的日本人，他們的語言、甚至於「日本精神」，竟然頑強地生存著。他憂心忡忡，這些珍貴的東西是否會消失於美國、中國文化混合體之中？

甚麼是「日本精神」？這是用漢字無法貼切表達出來的概念，英文字勉強可以說一個人有「integrity」、「commitment」，這些是國民黨教育無法告訴我們的，我們只能由父母口中去探尋，透過特別情境的推敲，我們大概是說一個人行事非常正派、頂真、條直、阿莎力、有堅持、值得信任，簡而言之，就是那些老一輩「讀過日本冊」的人，譬如說李登輝、黃昭堂等人。

站在政治學的角度，《台灣論》對民族主義的認識嘗試超越「本質論」，也就是說，民族認同並不是建立在共同的血緣基礎。因此，他挑戰台灣政治人物，台灣獨立是否只不過是日語世代的目標？陳水扁政府是否只是想從國民黨獨立出來（及取而代之）而已？就獨立建國的真實信徒而言，這些質疑當然是合理的。

小林善紀既然不是政客，當然沒有必要和稀泥。他要台灣人表態，長期而言，如果中國民主化了，你們是否就願意與他們統一？短期而言，台灣的生意人是否認為經濟繁榮是至高無上的目標，因此，不在乎當中國人、還是台灣人？坦白一點，你們到底是要建構怎麼樣的國家？如果小林善紀要

鼓吹日本與台灣發展更親密的關係，他當然要求證台灣人是否為可以合作的對象。

就好像小林善紀因為對當前的日本不滿，好像日本人是世界上最醜陋的，因此對台灣過度美化一般，譬如男生喜歡當兵、店員服務親切、選舉制度較好，其實，台灣人對於日本統治的緬懷，尤其是諸如路不拾遺般的香格里拉想像，其實是反映出戰後台灣人對於國民黨政權的「內部殖民」統治強烈不滿、以及對中國政治、經濟、社會、文化制度的嫌惡。

在相互對照的情況下，自己的同胞竟然比異族的日本人還可惡，同樣是「國語」，日本話無形中變得比北京話親切，日本軍歌「軍艦進行曲」竟然成為黨外時代選舉時陣抗爭的戰歌。外省族群當然無法了解，台灣人（本省族群）為何如此友善日本人，宛如久別的友人、甚至於親人一般，簡言之，集體經驗不同罷了。

不可否認，在台灣人的集體認同中，早已烙印下不可磨滅的日本經驗。台灣人對於長達半世紀之久的日本統治，只有百般無奈的愛恨交織。殖民統治就是殖民統治，在《台灣論》中，沒有人肯定，譬如許文龍說：「台灣的開發政策確實是為了『日本的利益』服務」（頁134）；連小林善紀也要承認，「差別待遇的存在，確是不容狡辯的事實」、「當時台灣總督府握有一切的政治權力，不允許台灣人民自治」（頁136）。

　　對於台灣人而言，最大的挑戰是，如果當時日本總督府公平對待（至少像目前的沖繩），願意接受政治自治、經濟自主、或文化多元主義，或是，假若日本二次大戰沒有戰敗，台灣人會拒絕選擇當日本人嗎？同樣的，如果沒有二二八事件、或是省籍歧視，台灣民族運動會終於出現嗎？

　　就一個迎頭跟進的殖民者而言，日本在台灣進行的是「倚賴式的發展」（dependent development），透過土地改革、米糖增產、普及教育、以及基本設施（infrastructure）的建立，殖民者為台灣奠定現代化的基礎；戰後，日本又成為台灣經濟發展所需的經驗、資本、技術、以及市場的重要來源。

　　戰後，國民黨內戰失敗而避秦海中孤島，台灣人不小心捲入國共鬥爭，卻也在美蘇冷戰對峙中獲得苟延殘喘，並獲得實質獨立。如果我們願意接受國民黨統治的經濟成長、政治「穩定」、甚至於土地改革是正面的貢獻的話，至少應該可以視戰前的日本為「歪打正著的良性殖民統治者」（accidentally benign colonist）吧？

　　歷史原本就是人們對事件的「再度呈現」（representation），沒有所謂單一而正確的觀點。簡單而言，不同的政治立場就會有南轅北轍的歷史解釋。不同於過去一言堂式的教條，我們寧可接受社會上多元的詮釋，讓百姓有公平的機會，如此而已。

　　日本殖民統治的本質是甚麼？我們過去並沒有機會作公

平的了解，不過，未來也未必要隱惡揚善，譬如說，在霧社事件中所使用的「特別瓦斯」，到底是催淚瓦斯、還是毒氣（試驗中）？由此可見，日治時代的歷史有待吾輩去挖掘、了解、以及論定。

與德國相較，日本人似乎不願去面對過去，只不過，就像揮之不去的夢魘一般，你越想逃避，它就越盤迴心頭不去，民族尊嚴無從取得正面的自我確認。後來的人有義務對先人所犯的不義負責，至少在良心上，這不是他人硬加的「原罪」，而是彼此在取得真正「和解」（reconciliation）之前，必須對「真相」（truth）的還原。也因此，如果我們堅持外省族群要與「本省人」來共同面對二二八事件，應該也可以嘗試去體會，老一輩外省族群的國仇家恨，國家應該代表大家幫助他們與日本取得歷史和解。

然而，我們並非要以中國人的身分（identity）來與日本對話，而是在多元文化主義的出發點之下，尋求國內外省族群的心靈撫慰。也因此，我們反對統派隨著中國作義和團式的仇日反彈，因為那不一定有利台灣的整體利益。進一步言，如果在國際戰略的考量下，台灣有必要在日美安保體制下取得適度聯繫（linkage），我們雖然沒有必要文過飾非，也必須懇求外省族群（特別是軍方），沒有必要視日本為天敵，畢竟，外交上沒有永遠的朋友或敵人。

正如並非所有的台灣人都有台獨的信念，也並非所有的外省人都贊成與中國統一。不過，我們可以確認，泛統派反

日本論述的委婉，先是以霧社事件逼原住民表態，再以慰安婦議題來佯裝對弱勢者的關心，至少成功攫取企圖取得婦女票源的政客們自我繳械，又以階級差異來進行分化。但到最後，隱忍不發的憤懣都將以族群齟齬的方式宣洩，倒楣的是外省人，而非真正的統派。

其實，統派動輒以軍國主義譴責日本，卻對中國的文攻武嚇絕口不談，尤其是部署在中國沿海的飛彈，擺明的就是要在隔海對唱之下，想要台灣人不戰而降，充分顯示出其偽善的嘴臉。

跳樑小醜，不值一哂。令人擔心的是，少數外省菁英公開表現出對於台灣人日治經驗的訕笑。台灣人淪為外族的次等公民，並非本身主動討皮痛、要求而來的。當賭場失意的父母將女兒賣入煙花巷的一剎那，台灣人已經與中國無任何瓜葛、不虧欠中國人任何東西。就好像被惡霸欺凌的弱女子一樣，難道五十年殖民統治的懲罰還不夠？難道台灣人的父祖被殖民統治，竟是要怪自己為何原先要當「清國奴」，子孫必須永遠羞愧、自我懲罰？

如果我們願意去理解，當前台灣的政治人物已普遍「國民黨化」、「中國化」，也就是說，已經不太有台灣人原本樸實的氣質，如果民進黨政府都要為半山的謝東閔降半旗，那麼，我們是否有相同的耐心，試著去了解經歷日本統治的人，為甚麼會毫不猶豫地承認自己的前半生為日本人？

當我們看到師公級的王作榮在新書中強烈暗示李登輝的

不倫出生（《中國時報》還特地摘錄刊載），少壯的朱雲漢逕稱老一輩的本土政治人物爲「皇民世代」，我們年輕一代的又被惡意戴上「新皇民」的帽子，我們寧願相信這些人不能代表外省族群，否則，族群間又如何奢論協和？

由反日、媚日、親日、到哈日，我們如何自我定位？如果說我們不滿意中國文化的欺騙、鬥爭、甚至於殘暴，卻又不滿足美國麥當勞式的速食文化，日本的精緻文化或可爲台灣多采多姿的島國文化憑添色調。年輕一代的「哈日族」，比我們更有機會作更健康、更公平的「知日族」。或許，小林善紀的《台灣論》是很好的開始。

2001/4/27

目次

評論

大事紀

2000/11/1

◎日文版《台灣論》上市。

◎《台灣論》以漫畫型式介紹台灣，並大力推崇前總統李登
　輝，透過李登輝及若干日語世代的台灣人，不斷陳述台灣
　主體性的問題。全書共十二章，其中有四章是李登輝個人
　的訪談，並用近1／4的篇幅談台灣的認同、民族主義、台
　灣的大血統及台灣的國土歷史。

2000/12/25

◎中國時報以第三版全版刊登駐日特派員劉黎兒專文報導，
　評述《台灣論》是濃度和厚度都很高的漫畫單行本，日文
　版一個月便已賣出二十四萬本。小林善紀前一本「新傲骨
　精神宣言」系列漫畫特別版《戰爭論》，五個月內印行十六
　版，共賣出六十幾萬本，在日本影響力非同小可。

2001/1/3

◎外傳許多國民黨員因不滿前國民黨主席李登輝在《台灣論》
　中的言論，不願重新登記加入國民黨，國民黨發言人胡志
　強表示，李登輝目前已不參與黨事務，不能代表現在的國
　民黨，那只是他私人的觀點談話而已。

2001/1/10

◎「諍社」召開批判《台灣論》座談會，與會人士普遍認
　爲，歌頌美化日本殖民統治的《台灣論》，是台獨勢力和日
　本右翼意識的結合。與會學者作家包括曾經創辦《人間》
　雜誌的作家陳映眞、台大學哲學系教授王曉波、台大歷史
　系教授黃俊傑、台灣社會研究會會長曾健民、留日名導演
　陳純眞。此外，還有來自日本沖繩大學的學者郭承敏、祖
　籍嘉義的南京「紫金山天文台」研究員劉彩品。

20001/2/7

◎漢譯版《台灣論》正式在台發行，前衛出版社於原市長官
　邸表演廳舉行新書發表會。前衛社長林文欽表示，由於
　《台灣論》的高知名度和敏感爭議性，勢必在台灣引起騷

動。無論就內容題材、裝訂成書方式、發行訴求對象而言,《台灣論》都將是台灣漫畫書的大革命。

2001/2/21

◎婦女救援基金會召開記者會,全面引爆《台灣論》中引述許文龍及蔡焜燦二人的「慰安婦自願說」,所有電子媒體、平面文字媒體一片譁然。出席者包括立委劉光華、王麗萍、謝啓大、朱惠良,及中央研究院研究員朱德蘭等人。

◎現代婦女基金會董事長,立委潘維剛表示,《台灣論》嚴重誣衊前台籍慰安婦,她們將聯合其他婦女及社運團體,促請政府出面為不幸的受害婦女討回公道。並要求政府應停止《台灣論》在台販售,呼籲國人拒買、拒看。

◎許文龍、蔡焜燦未作回應。

2001/2/22

◎親民黨團召開記者會,要求許文龍應為《台灣論》中的不當言論道歉並請辭資政、出版社應立即回收《台灣論》、並請政府去函日本政府,還原史實,給台灣人民一個公正的交代。

▲親民黨立法院黨團總召集人鄭金玲呼籲政府出面,透過一切管道表達抗議。

▲李慶華當場撕書,並公佈奇美實業在台北、台南辦公室電話,要求群眾打電話去表達抗議。

▲謝章捷表示,請日本人李登輝、許文龍去日本安養天年;他並認為高鐵由歐系改為日系,日本三菱重工工程品質不良,卻能橫行,都與國民黨高層媚日有關,要求司法單位調查。

▲李慶安表示,陳水扁總統應向全民交代,撤除許文龍資政職務。

▲周錫瑋建議政府研究對日的抵制措施,如此才能讓日本政府重視慰安婦問題。

◎總統府幕僚表示,有關「慰安婦自願說」,沒有人求證過當事人,包括作者小林善紀及許文龍本人,所以究竟語出何處,在證據未明下,總統府不便發表意見。

2001/2/23

◎兩位前日軍慰安婦「阿桃」、「阿珠」在律師王清峰、立委謝啓大、郭素春、鄭金鈴等人陪同下,出席立法院在野聯盟記者會,控訴《台灣論》中許文龍等人有關「慰安婦自願說」是嚴重污辱。隨後兩人又在前述立委安排下,趁立法院施政總質詢空檔,當面向行政院長張俊雄陳情,要求院長主持公道。張俊雄安慰兩人,強調政府會善盡照顧慰安婦的責任。

◎國民黨組織發展委員會婦女部主任張瓊玲邀請律師王清峰、立委潘維剛等人召開記者會，強烈批判《台灣論》中有關慰安婦的內容。王清峰砲轟許文龍、蔡焜燦「可悲到了極點」。

◎在野聯盟要求總統府成立專案小組調查總統府資政許文龍、國策顧問金美齡，是否曾有不當言論，並將作者小林善紀列為不受歡迎人物，拒絕其日後入境台灣。

◎民進黨立委王雪峰要求許文龍道歉。

◎國民黨立委許舒博要求將小林善紀列為不受歡迎人物。

◎高雄市議員蔡見興串聯新民意問政會七位議員，呼籲市民合力抵制《台灣論》，力促高雄市長將謝長廷將《台灣論》趕出高雄，甚至趕出全台灣。

◎外交部發言人陳銘政表示，經過查證，並無新黨立委營志宏及謝啓大所指稱，我駐日代表羅福全及部分外交官在與小林善紀的餐宴中唱日本軍歌的事實。

2001/2/24

◎旅日總統府國策顧問金美齡以《台灣論》關係人身份，首度就書中引述許文龍、蔡焜燦有關慰安婦談話內容提出說明，希望台灣讀者以全盤的觀點來看待《台灣論》，不要斷章取義，藉題發揮。

◎有關《台灣論》在台灣造成的慰安婦風波，作者小林善紀

首度接受記者訪問，指出全書中僅有數格漫畫提到慰安婦，卻遭到政治利用，引發台灣全面性的歇斯底里的反應，與他創作本書的本意相去甚遠。他並建議台灣最好不要拿慰安婦議題來激起反日、恨日、仇日情緒。

◎中國時報記者卬樂義北京專電報導指出：「北京關心台灣事務的各界人士，近日從網上和報章看到《台灣論》在台發酵的消息，每個人都義憤填膺……」「北京媒體引起一陣討伐聲浪。」

◎蔡同榮籲婦權團體關切國軍八三一軍妓問題。

2001/2/25

◎新黨立委馮滬祥在敦化南路誠品書店門口焚燒《台灣論》，隨後並進入誠品書店要求將《台灣論》下架，不得販售。

◎鄭龍水在基隆火車站前發起抵制奇美食品活動。

◎許文龍召開記者會，表示慰安婦是代理商與慰安婦的父母親所進行的合法交易，軍方沒有自己來抓。他同時澄清絕對沒有說過「當慰安婦會出人頭地」的話。追究慰安婦應先查軍中樂園。

◎台北市婦女救援基金會在台北車站發起「拒買《台灣論》」聯署活動，聲援慰安婦。

2001/2/26

◎親民黨立院黨團召開記者會,提出四大聲明,要求陳水扁總統與日本軍國主義份子劃清界限,解除資政許文龍與國策顧問金美齡的職務;要求將小林善紀列為不受歡迎人物;將主動協助慰安婦對許文龍、蔡焜燦提出「公然侮辱」訴訟;將日本強徵慰安婦列入教科書。並指許文龍提出「八三一」是模糊焦點。

◎國民黨立院黨團召開記者會,表示將提案要求總統解聘許文龍資政一職,將小林善紀列為不受歡迎人物,並停止出版與販售《台灣論》。出席立委皆為女性,包括黃昭順、蔡鈴蘭、郭素春、盧秀燕、宋煦光、楊瓊瓔、蕭金蘭等七位。

◎民進黨立委沈富雄建議許文龍主動請辭資政。

◎新黨立院黨黨團要求總統府撤除許文龍資政職務。

◎總統府以簡短的聲明回應,表示有關慰安婦事件,政府會以一貫的主張,向日方表達嚴正關切。並表示目前並沒有接到許文龍的辭呈,亦沒有接到主動辭退許文龍的指示。

◎馮滬祥率眾至前衛出版社抗議,要求停止出版《台灣論》。

◎台北市議員陳雪芬建請市議會向全體台北市民發起「拒買、拒看《台灣論》」行動。

◎中華愛國同心會成員周慶峻等人向台北地檢署具狀告發,

指控許文龍誣衊慰安婦及其家屬。但刑法公然侮辱及誹謗亡者罪皆為告訴乃論,周慶峻等人若非被害人或被害人三親等內親屬,依法無權提出告訴。

◎台北地檢署傳出「許文龍的談話已經觸犯刑法侮辱誹謗死者,不排除主動分案調查」的說法,但檢方正式否認這項傳言。法界人士表示,侮辱誹謗死者罪屬於告訴乃論罪,必須由告訴權人主動提出告訴,且侮辱、誹謗的對象必須是明確的「特定人士」,許文龍的談話難與該罪相繩。

◎新黨人士要求政府查禁《台灣論》,新聞局長蘇正平表示,出版法已取消,禁書於法無據。

◎立院法制委員會召委游月霞,在法制委員會沒有開會的情形下,做出要求總統府在一週內調查許文龍的言行並書面報告的「決議」,民進黨立委戴振耀直斥為「胡搞」,並批評游月霞根本不懂程序。

2001/2/27

◎許文龍凌晨發表書面道歉,對《台灣論》一書中部分文字造成慰安婦當事人的二度傷害,深感歉意,並表示,他從未對小林說過慰安婦是為了「出人頭地」,也未使用「自願」這兩個字眼。他沒有否認有些人是因勸誘或欺騙才成為慰安婦。不過當時日本政府並非公開捉人充當慰安婦,而是經過一定程序辦理。

◎「應媒體要求」，十位前日軍慰安婦集體現身舉行記者會表達心聲。

◎在台北市婦女救援基金會安排下，副總統呂秀蓮在總統府接見十位來自全台各地的前日軍慰安婦及婦援會會長林方皓等多人。十位前慰安婦認為許文龍書面致歉不足以撫平她們的傷痛，要求許文龍在一週內親自當面道歉，否則不善罷干休。

◎副總統呂秀蓮表示，不同年代有不同的歷史認知，不應「以言廢人」；何況現在批許的人何曾關心過慰安婦？「哈日風」腐蝕台灣青少年的倫理道德和人生哲學，更應檢討。

◎針對許文龍的書面致歉，在野聯盟女性立委再發表聲明，要求許文龍自行辭去總統府資政一職，並希望許文龍應公開追究小林善紀「捏造事實及不實報導」的責任。

◎親民黨立院黨團總召集人鄭金鈴建議許文龍承諾提撥奇美企業每年盈餘之一定比例，作為幫助慰安婦、雛妓、受虐婦女等之救援經費。

◎在野立委要求查禁《台灣論》，要許文龍下台。

　▲親民黨立委周錫瑋表示，許文龍不止應該下台，政府也應將《台灣論》作者小林善紀列為不受歡迎的人物，並將《台灣論》列為禁書，維護台灣尊嚴。

　▲親民黨立委陳朝容表示，在台灣人尊嚴遭踐踏時，外交部長還說不要破壞兩國關係，政府如果要展現行政革

我頗能體會到李登輝先生目前的心境。他真是一位直言敢行的人。我將再度著手進行先前那本書。

《台灣論》現在已昇華為尋求日本與台灣、日本人與台灣人關係的一本公眾讀物！

《台灣論》中文版目前已突破九萬冊，相當於日本的五十四萬冊。

支持此書的讀者群不僅有『多桑』世代，更擴展到陳水扁世代，甚至也獲得年輕人的支持。

也有建國黨、民進黨的議員表示支持。

更有立委建議，應將此書列入學校教材。

祖父輩與孫子輩之間開始有了聯繫。

有這樣的銷售佳績，《台灣論》或許已經不再只是我的個人作品而已，它已是一本全然屬於「公眾」的讀物了。

我並不想將刻劃他國迫切的國情而造成如此的銷售佳績的版稅來填滿我

有人買書免費贈閱：

也有年輕人偷偷摸摸在書店購書好像買毒品似的。

聲援的信函……

因此，我決定將《台灣論》漢釋版的所有版稅全數捐出，做為加深日本與台灣之間交流的基金。我一毛錢也不要！

我可以「傲慢」一下嗎？

我已經將全部版稅全權委託金女士做最有效的運用。

我依據判斷，捨去「私慾」，成就「公眾」！

這一點就是我和中國人不一樣之處！

16

世界台灣人大會公開支持小生的《台灣論》！這一次金美齡女士成了台灣獨立派的旗手，是超級的政治明星。爲此，日本的幻冬社也以《台灣論》風波爲題，火速出版了我與金美齡女士的對談，且來看看金女士的雄辯滔滔吧——！

針對這次中國和韓國就教科書審定所做的舉動不爲所動，森喜朗首相他態度的若即，說明事情的始末。

這種穩重的態度，合乎森首相的行事風格。

但愚蠢的大衆竟認爲，只要幾貶森喜朗首相，就是知識菁英的表徵，和電視上的講評員沒兩樣。

其實是傻里傻氣，故作聰明。

一國的領神竟在還來不及取得外國的肯定信賴之前，已經被大衆媒體拉下來了。

大衆媒體紛來不想培育自己國家的領神。

一天到晚只會潑冷水一旁訕笑，幸災樂禍。

要不然就是在

森喜朗有貢獻！

但媒體才不報導這些事呢！

景氣低迷或美艦撞沉「愛媛號」，統統是森喜朗之責。

最後，自民黨內部也受到媒體的煽動，逐漸屈從於大衆荒謬無知的輿論。

這一切都是為了選戰。

台灣有許多人一開始就不相信外省人的媒體報導。

在日本也多的是被朝日新聞和外省人媒體騙得團團轉的笨蛋！

台灣讀者來函

不過，它又令人覺得冷漠，因爲我們是台灣人，而日本是另一個國家。這才了解到，原來日本人在二次大戰後漠視台灣的存在。而小林先生在日本這樣熱情地介紹台灣一事，記憶已經隨著時間淡化，但也因爲小林先生的熱情而被保存了下來。現在，台灣正面臨關鍵的轉型期，前進步步維艱，身爲台灣人的一份子，

本意。現在，雖然彼此相識，卻徒留遺憾。讀過《台灣論》之後，我大吃一驚。因爲大多數的台灣人和外省人一開始就不相信外省人的媒體報導。我不知道該如何感謝才好。儘管日本和台灣的，有關台灣政府禁止您入境台灣一事，請大家不要氣餒，因爲這終究是政客的行爲，並非台灣人的共同記憶。我在此爲小林先生遭受到的不公平對待，由衷表示抱歉！

在與西尾幹二筆戰的文章中，我曾提及日本和台灣有許多老阿公支持我，還頻頻探問「小林善紀的新作幾時出版」？看來，我得趕快完成才行。話雖如此，突發事件卻接踵而來，讓我無心專注創作……。

左翼份子為什麼要對申請教科書審定的八家出版社的其中一家展開卑劣的攻擊呢？為什麼他們會這麼熱情，只為打垮一家出版社呢？

據傳飯田橋（地名）某棟大樓有一家「兒童與教科書全國網站21」事務所：打一通電話過去，就可以買到教科書的複印本。

我們傾注心血編纂的教科書，居然被這批左翼份子拿出來賤賣！

《歷史》一本1048日圓
《公民》一本1088日圓

總之，小學館的編輯已經拿到「編纂會」送審中的白皮教科書。

日本那一群左翼的跳樑小丑已經淪為中國軍國主義的走狗，這次有關教科書審定的情況特別詭異，歷史會記上這一筆的。

連日本的首相都難瞧一眼審定中的教科書，左翼的傢伙們竟有辦法私下販賣！

這已經超乎一般的常規，破壞體制！

原來「兒童與教科書全國網站21」是出版工會的俵義文搞出來的組織。

他們在網站上批判「編纂會」的白皮教科書，也用英語發出緊急聲明，這就是引發媒體批判的導火線。

團剿這次教科書審定的，向來是「俵義文、上杉聰、高嶋伸欣」等左翼活動份子的把戲。

日本的左翼文化人不約而同站到極權主義者那一邊。

媒體跟著這批人煽動起舞，這樣一來，中國的朱鎔基為了面子問題，也不得不露出他的真面目了。

日本小孩學習的歷史教科書就由我們中國共產黨編寫！

教科書違樣修訂不行──！

這種愚劣的外壓戰略已招致日本人對中國和韓國的厭惡。朱鎔基，你盡量說吧！說狠一點，好讓日本人看清真相！

應該多揭露一些日本的暴行……

你們日本要永遠向中國賠罪，記得繼續獻上金錢來吧！

我是博士班的學生，我的外祖父曾隨日軍轉戰南洋擔任軍醫。我的祖父於三年前去世，之前一直認為自己是日本人。小時候開始，我們這一代人，在學校受到國民黨教育的洗腦，教科書裡面全是法西斯的訓示與反日的論調，我們就是在這種文化衝突中成長起來的。對我們這個世代來說，日本是一個奇妙的名詞。它曾經是我們認識的國度，其文化已融入我們精神的一部份，我們不但感受得到，而且喜歡它。

祖父教我台灣話和日語，還時常談到日本時代的美好時光。我們這一代人，是在國民黨教育的洗腦，228事件與二二八事件之後受到不同的教育；在家裡是台灣和日本式的價值觀。祖父於二三八事件時的「叛亂」的罪名逮捕入獄，遭受殘酷的拷問。

《朝日新聞》已淪爲中國軍國主義的同路人，一心想消滅「編纂會」的教科書，日本國內甚至有人抗議教科書中修改了一百多處云云，但教科書還在審訂當中，實在難以置喙。在「教科書編纂會」腹背受敵之際，幸好有竹村健一、石原慎太郎出面聲援，令人十分感動。各位，睜開雪亮的眼睛來看吧！

於是我趕緊發表聲明稿，傳真給《中國時報》的記者。

日前，有關我遭台灣內政部禁止入境一事，聽說台灣國內流傳著我要求台灣政府道歉的報導，因而引發台灣國內的劇烈反彈。

但是，關於此一禁止入境措施，我從未說過要求台灣政府道歉，而且也未說過要求撤回此一措施。

我認爲，有關此項禁止入境措施，應該是由台灣政府直接和民眾，依台灣的民主程序和國情討論的結果，即使我永遠無法再踏進台灣這塊土地，只要該項決定，是出於台灣民眾所做的提出抗議。

另外，我想附帶說明，亦即在我毫不知情的狀況下，恣意製造我的虛像，然後對此虛像加以批判和評論的行爲是很無意義的。

因此，我冀望讀者能回到「通讀全書」之後，再做判斷的基本態度，這是我最大的願望。

我不得不說這是一種愚行。類似這種錯覺，都是在擴大騷動中產生的。

2001年3月6日 小林善紀

這真是絕密情報戰啊！

中國人原本就沒有「公」的觀念。

不存在「公平」和「公共心」的概念。

但最令人驚訝的是，日本的《朝日新聞》也變成中國人的報紙了。

完全失去了「公平」的立場和精神。

正式表明「反教科書編纂會」成爲「反日」勢力的急先鋒。

以前「親蘇聯」、「親中國」、「親北韓」、「親南韓」，現在則「反小林善紀」的立場。

如果只是「反小林」的話，那倒無所謂，但在台灣問題上，若刻意將引外省人媒體的報導，有「反台灣民眾」之嫌，這一點我必須提出嚴正警告。

總之，絲毫沒有「求證」的基本精神。

即使是一社會「公器」的新聞媒體，也無意追求事實的真相。

沒錯，我是「反中國」、「反共產主義」、「反軍國主義」。但最重要的，我是站在台灣「沈默的大多數」、「台灣人的真正願望」之立場繪製《台灣論》這本漫畫書。

政府 つくる会 教科書 合格の可能性

中韓など反発必至

13版

2001

小林氏の訪台 当局拒否

台湾論で「好ましからざる人物」

「右傾化」と警戒

中韓募る不快感

野中発言火に

主体性損ねる「台湾論」擁護

社説・2日付

13

但台灣是如何對待小林善紀的？

難道台灣要回復到國民黨獨裁統治的時代嗎？

金美齡女士，對著媒體，公開捍衛《台灣論》，譴責有關部門把我列入黑名單。

在《台灣論》騷動之後，就像彗星一般，一位白髮美麗的台灣女性出現在世人眼前。

非常錯誤的決定，令人……主化是其……妹自覺……

金女士義憤填膺指出：台灣人原本就性情溫良，實在敵不過口若懸河的講北京話的中國人。

要知道，我所做的，不是逐句道歉、賠罪……個笑話。官員怎麼會……都在處理……

我是陳水扁的國策顧問，不是中華民國的國策顧問！

台灣人睜大了眼睛大為驚嘆！

此前在台灣名氣不大的金女士突然一舉成名了！

台灣的中國人氣得血脈賁張。

金女士成了超級明星！

做為一個台灣人，我要向小林道歉！

為一個台灣人，我要向小林善紀道歉！

根據《產經新聞》指出：獨立派和反中派比較支持《台灣論》，尤其在台灣南部最為明顯。

聽說高雄市某公園立起了一個充滿歧視字眼的牌子：「中國人與狗不得進入！」

反倒使《台灣論》和許文龍公司的產品銷路直線上升。

與批判派的台北市相比，可說是「南北戰爭」。反對人士推動的拒買運動，有如戰前上海法租界的……

可是我好像遭到誤解了，統派媒體開始刊登「小林善紀要求台灣政府道歉！」政府根本沒必要道歉！等等的報導和讀者投書。

台灣媒體又開始使出中國人的慣用手法，惡意曲解事實，把我醜化成惡劣之徒。

針對《台灣論》，陳水扁總統表示：言論自由應受到充分保障，不應該以不同意見的意識形態為由，禁止他入境。

陳總統的裁示與內政部的決定恰恰相反。

台北

台南

高雄

軍國主義的中國在臨近台灣海峽的福建省仙游縣新增設導彈基地，佈署了100枚「東風11型」短程彈道飛彈。像這種軍事霸權國家，還敢指責我是右派啦，軍國主義啦，真是叫人笑掉大牙！

台灣論風暴

特別版 II

小林善紀
新傲骨精神宣言
SPECIAL

前衛出版社陸續寄來台灣讀者熱情的信函，其中包括了年輕一代對《台灣論》的肯定與支持，受到這股精神的感召，我將義無反顧地繪製《台灣論續篇》，告訴日本的年輕人，台灣在媒體刻意炒作下的真實狀況。

小生只是出版了一本漫畫書而已。

媒體就鬧得雞飛狗跳，既發動拒買運動，又撕書焚書洩恨！

政客也不通讀全書，就斷章取義做為政爭的口實，蓄意抹黑《台灣論》的內容。

於是在三月二日把我列入黑名單，限制入境台灣。

「禁止小林善紀入境」帶給台灣民眾很大的衝擊！

彷彿又回到了國民黨獨裁的時代。

到底是誰「傷害了國家民族的尊嚴？」

旅居日本的台灣人好像虧欠了小生一樣。

為了此事，金美齡女士彷若一肩挑起國家重責似的，隻身飛往了台灣。

金女士，妳這樣去，真的不會發生危險吧？

一切多保重了！

但是，台灣國內已出現了變化。

媒體突然轉向支持「言論自由」的論調。

我可不可以「傲慢」一下？

我沒有勸阻金女士：「就由小生去台灣好了」

縱然去了台灣，因為小生太過出名，也無法和敬重的台灣民眾做親近的交流。

就算黑名單宣佈解除，小生也不需要任何人道歉！

不過，我要誠摯感謝在文攻武嚇的風暴中閱讀《台灣論》的台灣人！

容小生宣傳一下：旅日作家謝雅梅小姐的新書《台灣論與日本論》(總和法令出版)出版了！書中有輯錄我們的對談內容，可讀性很高喔。♥

這樣一來，《台灣論》變得一書難求，有兩個原因：

一、書店初期屈服於拒賣運動，不再陳列《台灣論》。

二、支持《台灣論》的讀者唯恐此書被禁而搶購一空！

擔憂「言論自由」的尺度將愈來愈狹窄！

言論自由是民主國家的根基

如果台灣淪為不容接納反對意見的話就就跟中國一樣了！

在這些既看不仔細看完《台灣論》只會瞎謾罵的群眾中，有個叫台灣小姐捎來了一封信，給了我相當大的鼓勵。

從混沌沌的情勢中露出了一絲微弱的曙光

果然也有年輕人閱讀和支持我的《台灣論》

從來看穿圖剿這本漫畫的真正背後企圖

一個住在屏東里港的九十歲退休醫生指出：

六十年前我在海南島生活了三個月，當時我認識的許多慰安婦，都是出於自願。

許文龍說的是一個事實。

小林先生：

私は台湾の大学生です。

先生の「台湾論」を読んで、とても感動しました♪

先生は日本人ですが、台湾のことをそんなに大切にします。

私は心から感謝しますよ。

このあいだ台湾に「台湾論」を反対することがある。

どうもすみませんね。

ほどんとの彼らは自分を中国人と思う外省人ですから、

they got angry.

ニカ～！

Don't buy 台湾論！

先生は「…わが日本の歴史を客観的に評価し直す人々も出てくるかもしれない」と言いました。

少ないけど、私の友たちの中で、こんな人がいます。

これは私たちもの願いですよ。

もっともっと書いたいですが、日本語が上手じゃない。

ただ「台湾人」として、私のこえを小林先生に伝えたいだけです。

ありがとう──88

ps. Please forgive my poor Japanese.

台湾の読者 2001.2.27 より

位於高雄市，由醫生和教授組成的團體「台灣南社」

熱烈購買台灣論

日本政府根本沒有強行抓人(慰安婦)

向高雄的誠品書店訂一百本《台灣論》

目前沒有庫存，所以請您預訂好嗎？

冷靜思考台灣未來

你們書店絕不可屈服在這股壓力之下！

南社的成員跟店員說完了這話才回去。

有關教科書編纂的問題，日本也成了中國和韓國的走狗。《朝日新聞》、《每日新聞》、《東京新聞》等的惡劣行徑與台灣的外省人媒體難分軒輊。今後，我將另闢章節繪製「媒體論」，為歷史留下記錄。

在這次《台灣論》引發的風暴中，我看到部分本省人出賣靈魂，替外省人為虎作倀的嘴臉，我會把這些畫下來的。我全部看在眼裡，這些傢伙，完全不知道小生的屬害。我要畫出「國王的新衣」的醜態！不過，話說回來，台灣的外省人媒體的惡形惡狀格外卑劣，這些資料全在我的掌握之中。

於是在各平面媒體
電視開始對《台灣論》
瘋狂的攻許。《台灣論》展開

對「慰安婦問題」
連本省人也抱以同情
暫時停止了思考

社會上瀰漫著一股
情緒性的
反《台灣論》的氛圍

譬如，拒買《台灣論》
向許文龍先生的公司
丟擲雞蛋

蔡焜燦先生
也受池魚之殃

在2月26日的記者會上
親民黨立委提議
把小林善紀列入不受歡迎人物
打入黑名單禁止入境

新黨立委馮滬祥等支持者
甚至撕毀日本國旗激情演出政治秀

他們終於出手
燒毀《台灣論》了！

一場中國式的
「焚書」劇！

也燒掉我的
巨幅人像，
以助長氣勢。

完全把台灣打成
「反日」的一方！

川田文子等聲援
慰安婦的團體
為了支持
外省人掀起的
「反日」運動，
特地從日本
來到台灣
舉行記者會，
也對我喊話
叫囂。

你們不能這樣！
不要燒書！

於是有一家書店
的年輕女店員
挺身而出，這番話
幫了台灣人一個大忙。

《朝日新聞》的報導似有意把事件曲解成：許文龍對自己在《台灣論》中的說法完全認錯，說他堅持日軍絕不可能強行抓慰安婦，他之所以道歉，是為了避免對慰安婦造成二度傷害云云。台灣的新聞媒體就是虛構許文龍「慰安婦自願說」的始作俑者！各位，千萬不要相信《朝日新聞》和外省人操控的媒體！

台灣讀者來函

●我是某教育大學研究所的研究生，首先我要感謝小林善紀先生提供讀者各種不同的歷史觀的思考致上十二萬分的謝意，對我們不囿於表象，認識事情的本質有很大的幫助。當我從報上知道小林善紀先生被「禁止入境」的消息，做為台灣人的一份子，覺得很丟臉。台灣引以為傲的「民主」成果。實在很對不起小林先生。請小林先生原諒台灣政府的高官和政治人物卻漠視民主的存在，僅以一己之私，毀掉了五十年來

遺憾的是，台灣沒有「言論的自由」！

也就是說，台灣不是「民主國家」！

首先，我必須對讀者說明事件的經過。

為什麼事態會演變到這種地步呢？

現在，我不得不做出這樣的判斷。

二月二十一日，婦援會和幾位立法委員在台北召開記者會，嚴詞批判許文龍在《台灣論》中的說法污辱了慰安婦的尊嚴……

不過，這些外省人原本就無意心平氣和地討論，只知譴責而已。

但許文龍的意思並不是指現今出面控訴日本政府的慰安婦，而是當時的一般情況。對已是從娼者而言，軍隊的衛生管理比民間做得好。

我認為：消弭省籍對立，共同為台灣打拚，這才為重要，可是…

然而，《台灣論》這本漫畫觸動了台灣人的民族認同。對始終不肯放棄統治權力、佔台灣人口不到15%的外省人來說，特別是大統派，恨得咬牙切齒。

看來，本省人對自身的覺醒感到退怯嗎？

掌控媒體的統派，恨不得將《台灣論》除之而後快，於是開始展開連手攻擊。

為了徹底打倒《台灣論》，在媒體上大肆渲染《台灣論》，蓄意對本省人製造「小林善紀＝沒有人性」「慰安婦問題＝惡」的刻板印象。

拒讀《台灣論》
封殺反對意見
消除李登輝的影響力
禁止作者入境台灣

目前中文版《台灣論》已狂銷七萬冊！依人口比例換算，相當於在日本印行四十二萬冊，還出現一書難求的現象。為了支持出版自由，甚至有民間團體、上班族和學生自購《台灣論》分送市民的贈書活動。台灣人，加油！

別再煩我了

我在台灣才剛剛嶄露頭角而已。

我只不過畫了一本漫畫嘛！

到頭來我的熱情好像被潑了冷水。

難道只因為這樣，就被扣上黑名單的罪名嗎？

你一定是幹了什麼壞事，對方的國家才會禁止你「不要再進入我國」吧？

被列入黑名單的人，到底是一副什麼德性呢？

你不要那樣糗我好嗎？

喲，那你幹了些什麼？

我既不是恐怖份子，也沒有使用暴力。

自從台灣解除戒嚴以來，第一次登上黑名單的，大概是我·小林善紀吧！

我，真是丟臉，羞得快要無地自容……

被大家指指點點……

結果卻換來「禁止入境」的處分……

哎～～～我只是想把自己對台灣的觀察，畫成《台灣論》，傳達給日本人了解，思考日本和台灣兩國的處境，在台灣出版了這本漫畫書而已。

哈哈，是我一廂情願嗎？

以後再也不能去經常光顧的餐廳吃吃喝喝了……

我怎麼辦……

小林先生，聽說您被列入了黑名單？

三月二日，台灣的內政部次長簡太郎宣佈：

小林善紀先生之著作《台灣論》漫畫所散佈之主張及觀點，已引發我輿論強烈批評，有違我國對慰安婦人道關懷之形象，傷害我國家、民族尊嚴，影響國際視聽，危害我國利益及善良風俗甚明，

依小林善紀「內政部不予許可及禁止入出國審查會」認定：

小林善紀「有危害我國利益、公共安全、公共秩序或善良風俗之虞」，予以禁止入境處分。

內政部說小生的《台灣論》傷害台灣的「國家民族尊嚴」！

小林善紀

還說小生有「危害台灣利益和公共安全、公共秩序、善良風俗之虞」！

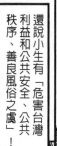

我畫的這本漫畫書，居然成了恐怖至極的「禁書」！

我是恐怖份子嗎？

小林よしのり

「戰爭論」から2年、またも瞠然の書、発刊！
日本人とは何か！國家とは何か！
この問題を解く鍵が、日本の過度を守り継ぐ開国にあった。小学館

學者西尾幹二說「要質疑台灣民眾的親日情感」時，我還為此大動肝火呢！

看來，我只不過是一個單純的爛好人…

我一踏進工作室，皮卡丘立刻取笑我。

喲——來了！來了！

你到底是何方神聖？

台灣論風暴

特別版

小林善紀

新 傲骨精神 SPECIAL 六百言

新,就應先讓外交部長田弘茂走路。

▲國民黨立委潘維剛質疑陳總統未出面,並表示國策顧問金美齡維護《台灣論》的言論是日本人心態,不僅應該下台,索性應到日本做日本人。

▲新黨立委賴士葆說,政府處理慰安婦的事情在效率上「麻木不仁」,不願面對及處理的態度,實在讓人感到悲哀。

▲新黨立委馮滬祥指《台灣論》充斥軍國主義,踐踏「台灣」國格,他呼籲全民對此應有警惕。

▲新黨立委鄭龍水指出,哈日是個人感覺,媚日卻是無恥行為。

◎國民黨「巾幗會」女立委在立法院議場內外拉起白布條,抗議《台灣論》喪權辱國,並「合影留念」。

◎許文龍發表書面道歉聲明後,婦女救援基金會又把矛頭指向蔡焜燦及金美齡。婦援會董事莊國明表示,婦援會已做詳盡準備,依法可對《台灣論》作者小林善紀提出誹謗告訴,要求損害名譽賠償。「許文龍、蔡焜燦若不是小林善紀的共犯,至少也是幫助犯,可一併提出告訴。」

◎國防部發言人黃穗生少將表示,「軍中樂園」正式名稱是「軍中特約茶室」,從成立到結束40年間,都是依據「特種營業管理辦法」經營,未查獲逼良為娼情事;軍中特約茶室與日軍慰安婦絕對不同,社會自有公論。

◎針對副總統呂秀蓮「在野人士何曾關心過慰安婦」並抨擊

在野黨將許文龍說法泛政治化等言論，親民黨團要求公開道歉。

◎民進黨秘書長吳乃仁表示，許文龍將個人經驗擴大成普遍現象是他犯的錯，但他不是政治人物，沒有辭職與否的問題，而且許文龍已經道歉，事情不該再泛政治化。

2001/2/28

◎身兼現代婦女基金會會長的國民黨立委潘維剛表示，她已委請國內漫畫家畫《台灣阿嬤的故事》以還原慰安婦歷史真相。她同時呼籲陳水扁總統站出來講話，撤換許文龍。

◎《台灣社會研究季刊》學者群在紫藤廬發表對日本漫畫家小林善紀《台灣論》所引發多重效應的回應和批判，鼓勵大家要仔細閱讀這本書以了解日本社會，並了解台灣，打開自己的情結。與會學者包括政大新聞系教授馮建三、林元輝，台灣史民間學者郭譽孚，殷海光基金會執行長鄭鴻生，文化大學歷史系教授李朝津，台大城鄉所教授夏鑄九等人。

2001/3/1

◎一位現住萬華的八十一歲老先生當年曾目睹慰安婦召募情形，指稱有些慰安婦確為自願，她們原本都是從事相關行

業的娼妓。

◎王清峰辦公室邀請日本作家川田文子、戰後補償實現市民基金會執行長有光健等兩人，及中研院研究員胡台麗、黃智慧等針對台籍慰安婦問題召開記者會。

　▲川田強調，日本政府之前就已承認錯誤，也多次提出道歉；小林的看法只能代表少數人，並在日本國內引發爭論。不過她認為道歉仍不夠，日本政府應該有實質的賠償。

　▲胡台麗表示，許文龍應建議由政府出面向日本求償。

◎總統府秘書長游錫堃表示，慰安婦的存在與產生是歷史的悲劇，陳總統向來強調人權。但對總統府是否辭退許文龍資政職一事，游錫堃不予回應。

◎中國國台辦新聞發言人張銘清指責日本作家小林善紀出版的《台灣論》美化日本殖民統治，並點名批評許文龍「歪曲歷史，顛倒是非」，是「背叛民族」。

◎新黨立委謝啓大與多位原住民團體代表，上午在立法院召開記者會抗議《台灣論》。原住民學者米甘幹表示，《台灣論》一書中對原住民的描述全都是謊話。

2001/3/2

◎里港老醫生蘇嘉謨表示其見聞和許文龍不謀而合，希望曝光媒體的昔日慰安婦能摸摸良心並適可而止。當地耆老直

言，在野黨以慰安婦事件大炒新聞，是讓當年「苦命女子」後代蒙羞的行為。

◎台灣政治受難者關懷協會常務理事黃金島針對慰安婦事件表示，當他在海南島服役時，即問過許多「慰安婦」原因，理由多因被家人賣給妓女戶後，為早點還債，自願充當慰安婦。

◎行政院原住民委員會主委尤哈尼在立法院答詢時首度表示，原民會代表原住民對《台灣論》表達萬分的憤怒。

◎內政部審查會決議依據「入出國及移民法第十七條第一項第十三款」規定，對小林善紀做出禁止入國處分。審查委員會十一位成員包括「社會公正人士代表」中研院研究員陳新民、政大公行系教授吳定、中國人權協會總幹事徐培資、蔡調彰，及相關單位的警政署副署長余玉堂、海巡署處長林俊熙、國安會處長林成東、調查局處長張富雄、外交部領務局長詹憲卿、境管局長曾文昌。

內政部新聞稿

「內政部不予許可及禁止入出國案件審查會」於九十年三月二日下午三時三十分舉行第三次會議，會中對於日本籍小林善紀先生禁止入國乙案進行討論，決議依「入出國及移民法」第十七條第一項第十三款規定，同意對於小林善紀先生做出禁止入國處分。

小林善紀先生之著作「台灣論」漫畫一書所散佈之主張

及觀點,已引發我輿論強烈批評,有違我國對慰安婦人道關懷之形象,傷害我國家、民族尊嚴,影響國際視聽,危害我國利及善良風俗甚明,依「入出國及移民法」第十七條第一項第十三款規定,外國人「有危害我國利益、公共安全、公共秩序或善良風俗之虞者」,得禁止其入國;復依同條第三項規定,禁止入國者,應送「內政部不予許可及禁止入出國案件審查會」審核。經審核仍應列管者,禁止其入國。

「內政部不予許可及禁止入出國案件審查會」係由內政部遴聘包括外交部、法務部等各有關行政機關及社會公正人士(比例三分之一)所組成,由內政部常務次長簡太郎主持。

◎小林善紀接受訪問時表示,聽到被禁止入境的處分後,他對台灣的「單戀」破碎了,他發現台灣不是一個民主國家,也不是一個有言論自由的國家,台灣面對國際社會,做了一件可恥的事。

◎前衛出版社針對小林善紀被禁止入境發表嚴正聲明。

前衛出版社針對小林善紀被禁止入境聲明稿

針對內政部做出禁止日本漫畫家小林善紀入國處分,前衛出版社深感此舉荒謬、不可思議,有失民主國家之胸襟,使人猶如回到鐵幕國家的時代。內政部屈服於少數持中國觀點的民意代表,動用國家權力封殺一本漫畫書的作者入境台灣,做出這項決定等同於壓制和傷害台灣的言論與出版自

由，因為這樣不但會引發國際間對台灣民主程度的質疑，同時也使得好不容易建立起來的台日關係大為倒退。仇日與反日的民族情緒，只會使台灣的國際地位愈形孤立、寸步難行，內政部是否對這項禁令的後遺症做過深刻而周延的考量？倘若只逞一時之蠢動，喪失國家形象值得嗎？

　　台灣要在世界上出人頭地，就必須做出民主大國的風範，才能贏得敬重，平心看待小林善紀來台訪問，才能使台灣的國際地位向上提升，拒異排他只會使台灣的聲名向下沉淪。

◎行政院秘書長邱義仁表示，內政部內部會議下午雖然建議禁止小林善紀入境，但內政部還未做成最後決定。高層擔心，如果真的限制小林入境，中華民國的國際聲譽將受到嚴重影響。

◎美國紐約時報國際版，以大篇幅報導《台灣論》在台灣引起軒然大波的情況，其中詳細敘述了台灣受日本殖民統治，到國民政府遷台時期的歷史。報導中談到許文龍的慰安婦談話引發部份人民反日情緒升高，同時指出，其實和許文龍一樣受日本教育長大的部份人士，都認為日本政府的政績並不糟。報導引述了中研院長李遠哲的談話表示，現在70歲左右的台灣人，的確覺得日本政府對台灣人並不好，不過一切至少還依法行事，國民政府來台後，社會卻反而沒有法紀。總統府資政辜寬敏則認為，台灣的經濟奇

蹟，其實是建立在日本人留下的建設上。他同時表示，在
野人士大肆炒作慰安婦和許文龍的談話，表面上反日，其
實是在藉機打擊扁政府。紐約時報最後指出，這一股《台
灣論》風波，可能和台灣的年底選戰不無關係。

2001/3/3

◎副總統呂秀蓮表示，國際人權認定每個人都有言論自由，
　禁止小林善紀入境有損國家形象。

◎行政院發佈新聞稿表示，內政部對小林能否入境尚未定
　案。因作業程序尚須呈文部長表達意見。行政院表示，內
　政部將基於人權及國際形象對此案再作斟酌。

◎內政部表示，昨天召開的「內政部不予許可及禁止入出國
　案件審查委員會」並非內部會議，而是由相關部會代表以
　及社會公正人士組成的跨部會審查會，其決議具有公信
　力，也不需再經由部務會議通過。

◎入出境管理局官員表示，只要小林善紀表達歉意並有具體
　回應，仍可重新提案，交由審查委員會重新審理，解除入
　境管制。

◎贈書行動聯盟發出通知，訂於4日上午11時在台北大亞百貨
　前廣場，發起《台灣論》贈書活動。贈書行動聯盟指出，
　以焚書及砸蛋方式主張禁絕《台灣論》出版的威權式想法
　與作法，暴露台灣社會「意見市場」遭寡占的可笑內涵；

書籍本身不應成為政爭工具,更沒有理由干涉書籍的流通。

2001/3/4

◎前衛出版社總編輯邱振瑞表示,小林善紀入境問題竟然要請示行政院長、總統,這種作法太誇張。他強調小林善紀將延後來台,不過仍然會來,以更進一步向國人說明《台灣論》的創作動機,並蒐集資料以準備再創作《台灣論》續集。

◎旅日國策顧問金美齡返台召開記者會評論小林被禁事件,表示這次內政部作出禁止小林善紀的決議是「非常非常錯誤的決定」,並轉述,若台灣政府向小林道歉,小林才會考慮來台。

◎民進黨立委黃爾璇提出緊急質詢,強烈要求內政部立即以違反基本人權規範為由予以批駁,收回成命。黃爾璇語氣強硬的表示,內政部長張博雅應該下台。

◎為了抗議反對者的焚書行動,由學生、上班族組成的「台灣論贈書行動聯盟」於今日上午在街頭免費贈送《台灣論》,短短一個小時內,250本贈書就被索取一空。

2001/3/5

◎張博雅早上赴立院進行報告並且備詢時表示,就小林禁入部份,如果社會輿論傾向再議,對於小林入境台灣的審議,她「只能拜託他們再審」,她強調,如果作出再議的批示,絕對不是基於陳總統與張俊雄的指示,也與國策顧問金美齡的發言無關。

◎內政部長張博雅中午利用立法院進行業務報告的空檔,邀集法規會、民政司、入出境管理局等相關單位召開緊急會議,做出「不主動翻案」的決議。

◎立法院法制委員會決定請出席的總統府副秘書長陳哲男邀請許文龍、金美齡到立法院說明。

◎在野黨立委在立院法制委員會指出,陳水扁政府有多位資政旅居海外,包括金美齡在內都是雙重國籍,根據總統府資政國政顧問聘用要點應該解聘。

▲國民黨立委游月霞認為金美齡已經嚴重違反總統府資政國策顧問聘用要點;並指金美齡根本不是台灣人。而許文龍的發言已經造成國家形象的傷害,也應當解聘。

▲劉光華則批評,若許文龍與金美齡想要繼續發言,就自己請辭,以後可以隨意發言,不會有人再批評。

▲民進黨立委李慶雄指出,七年前就已經推動應該廢除總統府資政與國策顧問的設立,許金兩人發言不當,讓資政與國策顧問成為酬庸,因此他依然認為應該廢除這兩個職務。

▲總統府副祕書長陳哲男表示,政府無須向小林道歉。經

過人事部門的查證後，確定金美齡沒有雙重國籍的問
題，她沒有日本籍。

◎國民黨立委盧秀燕要求金美齡向日方爭取同樣被日本拒絕
入境的李前總統和台北縣議員金介壽的日本簽證，否則不
必到台灣來大放厥詞。

◎沈富雄質疑審查會的決議流程有明顯的瑕疵，對於相關單
位在程序流程的釐清上推、拖、拉，動怒地拍桌大罵，認
為審查會的權責不清。

◎行政院顧問蘇治芬在斗六市火車站前發起「聲援《台灣論》
賣書、出版、言論自由」活動。為突顯她對內政部拒絕讓
《台灣論》作者小林善紀入境的不滿，及認為在有心人士煽
動下，《台灣論》的歷史價值受到抹煞，她特地向前衛出
版社爭取50冊義賣。此義賣活動極受歡迎，不到1小時即全
部販售完畢。

2001/3/6

◎小林善紀針對被禁止入境問題發表聲明。

有關我遭台灣內政部禁止入境一事，我聽說在台灣內流
傳著我要求台灣政府道歉的報導，而台灣國內因此而反彈擴
大。

但是關於此一禁止入境措施，我是完全未作過要求台灣

政府道歉的發言，而且也未發言要求撤回此一措施。

我是認為有關此項禁止入境措施，是應該台灣的各位本身依據台灣的民主主義及國情來徹底討論的問題，有關此項決定，我今後也完全不會要求台灣政府直接道歉及撤回。

在台灣國內今後討論的結果，即使是我永遠無法踏入台灣這塊土地，只要該項決定是台灣的各位所作的決定的話，我即使對於此項決定陳述個人的感想，也沒有對政府抗議的打算。

在此特別聲明此點。

另外附上一點我想說明的是，在我本身完全不知情的狀況下，隨便製造我的虛像、然後對此虛像加以批判及評論的行為是很無意義，不得不稱之為愚行。類此的虛像想來是因為未讀完全本的《台灣論》而擴大的騷動中產生的，因此希望能回到「讀全本書」的讀書的基本，這是我最大的願望。

◎副總統呂秀蓮表示，言論無罪，《台灣論》已被政治化，大家應回歸理性，並建議前衛出版社邀請歷史學家針對內容不妥、不實之處，整理出來，與作者商量加以修正。

◎行政院婦女權益促進會委員潘維剛嚴厲抨擊金美齡要求政府為禁止《台灣論》作者小林善紀入境的決定道歉的說法，認為總統陳水扁提名金美齡擔任國策顧問的做法是「有辱國格」，要求阿扁撤換金美齡。

◎立委要求總統府裁撤資政及國策顧問職，副總統呂秀蓮表

示,總統府資政及國策顧問是依法聘任的,除非修改法令,總統必需依法行事,她相信,陳總統會依法處理。

◎在野立委強烈批評總統府國策顧問金美齡「胡言亂語」,他們要求陳水扁總統應儘速撤銷金美齡、許文龍國策顧問和資政職務,其中立委陳進丁並要求應將兩人驅逐出境。

▲國民黨立委吳清池、陳清寶表示,金美齡不承認中華民國,還要陳水扁總統因此下台,損害中華民國尊嚴,把金美齡換掉才能搶救中華民國尊嚴。

▲無黨籍立委陳進丁則強烈批評,金美齡、許文龍兩人可惡、可恥、不要臉,沒資格做台灣人,更沒有資格擔任總統府資政、國策顧問,「這款人應驅逐出台灣」。

▲民進黨立委賴清德則表示,在輿論一面倒的情況下,卻出現《台灣論》賣到嚴重缺貨的情形,希望行政院能體察民意,不要因為執政黨立委在立法院人數少就害怕。

◎總統府強調,尊重金美齡的個人意見,但並不代表總統府的立場,是否撤換,總統府仍不願回應。

◎《台灣論》作者小林善紀入境問題,內政部長張博雅決策搖擺不定,行政院長張俊雄在立院答詢時表示,台灣是民主國家,是否要因言論不妥而對相關當事人發出「禁令」,仍待商榷,他已責成內政部於一週內重新檢討列為台灣「不受歡迎人物」相關規定。

◎立委質疑僑委會對於小林善紀的《台灣論》引發的爭議,是否該動員日僑在日本發動抗議行動,張富美表示自己沒

看過《台灣論》，所以不願也無法做出回應。

◎國民黨立法院黨團會議下午決議，對總統府國策顧問金美齡不當言論，予以譴責，要求行政院轉呈總統府，撤銷金美齡國策顧問職務。

◎總統府國策顧問金美齡晚上上現場叩應節目時表示，她是陳總統的國策顧問，但主觀上，她不承認中華民國；除非陳總統撤換她，否則她不會辭去現職。

2001/3/7

◎立法院長王金平上午表示，《台灣論》一書引起很多人不良的反應，政府有必要重新檢討，至於要怎麼檢討則是另外一回事。

◎羅福全在立法院報告時表示，《台灣論》一書的內容非常不恰當，對於書中幾點內容他不能同意，至於是否要譴小林善紀，羅福全一再強調，會「視國家的決策而定」。

◎總統府副秘書長陳哲男在立法院備詢時表示，519聘任期滿後，屆時總統府會對發言不當的人做「適當的處置」。

◎北京的台籍人士召開名為「在京台胞嚴厲譴責《台灣論》」的座談會，包括台灣同胞聯誼會會長楊國慶，和台盟主席張克輝，邀請當地台商共同批判《台灣論》，並把《台灣論》和「台獨」掛鉤一併聲討。

◎親民黨籍立委李慶華向監察院提出檢舉要求調查，他表

示，許文龍、金美齡兩人的言論明顯失當，無法自省，顯然已不適合資政及國策顧問的職務，希望監察院介入調查。

2001/3/8

◎陳水扁總統表示尊重國策顧問金美齡言論自由的說法，讓親民黨感到十分氣憤，除黨主席宋楚瑜表達不滿之意，大老劉松藩也提出抨擊；黨團幹事長沈智慧則質疑陳總統想用言論自由的說詞，轉移國家尊嚴的焦點；黨團發言人黃義交也指出，陳總統以言論自由為由，包容金美齡等人的行為，反而污辱言論自由的真諦。

2001/3/9

◎據傳許文龍的言論引發中國大陸高層的強烈不滿，奇美在中國投資的化工原料廠，也因此被中國官方要求關廠，這也是許文龍繼去年因加入陳水扁總統的「國政顧問團」遭中國當局以行政程序刁難後，再一椿因意識傾向遭中國抵制的事件。

◎內政部長張博雅聲稱，《台灣論》作者小林善紀被列為不受歡迎人物，是由警政署主動提案。警政署表示，小林「申請」38婦女節來台，警政署外事組遂依業務主管機關立

場提報,小林並非永遠不能入境,而是申請入境的時機不宜。

◎國民黨立委穆閩珠表示,陳水扁如果再默許總統府資政許文龍、國策顧問金美齡的不當發言,就是「有計劃的出賣中華民國」!

◎國民黨發言人王志剛指出,公務員言論有損國格時,政府必須採取適當處理。聘請國策顧問應該顧及國格問題。

◎台灣論的風波引發族群隔閡。高雄市七賢路底老人公園出現一塊招牌,上面寫著「中國人和狗不准進入」。

2001/3/10

◎民進黨立委蔡同榮表示,他接獲台商傳回的可靠消息透露,奇美關廠傳言乃是由統派台商介入全程掌控與主導,內幕極不單純,蔡同榮要求情報單位專案進行調查,以釐清事實真相。

◎鎮江當地台辦表示,並沒有接到上級關閉奇美鎮江廠的指示,而附近的台商也表示,奇美石化廠今天還是照常運作,並沒有所謂的關廠。而奇美鎮江廠也還沒有作任何回應。

◎陸委會副主委陳明通下午表示,詳細情況都還在了解中,陸委會也會對於後續影響進一步評估。

◎中國國務院台灣辦公室新聞局局長張銘清晚間提出正式的

說明表示，中國對於保護台商投資與權益不遺餘力，但對於「違法違紀」的廠家將不再縱容姑息。

2001/3/11

◎總統府表示，奇美關廠事件目前尚未獲得證實，若確有其實，將考慮拉高層級處理，尋求國際組織進行諮商仲裁，以保護所有台商在中國投資的權益。

◎民進黨立委蔡同榮表示，奇美關廠說不僅是台商搞鬼，而且是在野黨立委、統派與中國聯手「教訓」本土企業在大陸投資的有計劃行動。

2001/3/12

◎出版《台灣論》一書而引發論戰的前衛出版社，繼先前公司被恐嚇之後，12日傳出遭竊！

2001/3/13

◎中國外經貿部部長石廣生回答媒體記者有關奇美鎮江廠關廠的傳聞時強調，「沒有奇美關廠的這回事」。

◎小林善紀在接受日本雜誌《週刊POST》專訪時指出，他的《台灣論》一書在台灣被當作政爭工具，他被列入黑名單的

理由更是損傷台灣的國家民族尊嚴。利用慰安婦問題作為政爭工具的部份外省人,對他的《台灣論》想必相當恐懼。

2001/3/14

◎據台灣日報查證,奇美關廠說係由某親民黨立委向媒體透露,統派台商呼應證實。親民黨團則稱絕無此事,部份立委並簽署「保證沒有放話」等文字聲明。

2001/3/16

◎外交部亞太司副司長廖港民表示,駐日代表處繼二月間向日本政府提出抗議後,駐日代表羅福全在三月中又主動向駐日外國記者說明我方政府立場並澄清歷史,同時發函《台灣論》作者小林善紀本人,對於書中扭曲慰安婦史實部份,提出嚴正抗議。

2001/3/17

◎國策顧問金美齡上午在參加世界台灣人大會時表示,她已經獲得《台灣論》作者小林善紀的允諾,將《台灣論》中文版的所有收入捐出,做為台日兩國交流的基金。她也願意將在日本的寓所捐出來,做為台日民間交流的場所。

2001/3/18

◎紐約中國和平統一促進會會長花俊雄邀陳德麟、劉添財等數位台籍人士，在法拉盛台灣會館召開「台灣論評析座談會」。會中一致批評小林善紀、許文龍及金美齡言論違背史實；不過也有人反思，到底台灣有沒有說眞話的權利。

◎獨派團體發起三一八「全球台灣人站出來，疼台灣愛團結」大遊行，參加者包括總統府資政姚嘉文、李鎭源、國策顧問金美齡、黃華、方仁惠、周平德、台南市長張燦鍙、台獨聯盟主席黃昭堂、民進黨立委蔡同榮、黃爾璇、張秀珍、張川田、林重謨、顏錦福、北市議員江蓋世等人。活動在遊行人士大喊「台灣YES，中國NO」、「台灣國YES，中華民國NO」聲中平和結束。爲聲援小林善紀返台召開記者會的國策顧問金美齡成爲全場最受矚目的焦點人物，所到之處掌聲、歡呼不斷。

2001/3/19

◎內政部長張博雅表示，內政審查委員會等同於訴願委員會，不是部長下條子就能重新開會。國民黨立委周錫瑋則質疑張博雅說詞反覆，上次說可以再討論，今天卻翻案了。

2001/3/20

◎民進黨蔡同榮、李慶雄、黃爾璇、張秀珍、戴振耀、邱垂
　貞、梁牧養、鍾金江、蘇煥智等九名立委召開記者會，要
　求總統陳水扁續聘許文龍、金美齡。

2001/3/23

◎台北市議員江蓋世公佈《台灣論》作者小林善紀回給他的
　一封信，小林對於遭到台灣禁止入境一事表示，不會向台
　灣政府直接抗議，也不會要求台灣撤回，因為這是台灣的
　問題，不是他的問題。
◎內政部入出境管理局下午召開專案會議，經過將近四個小
　時的討論，會中達成決議，因時空環境因素改變，對於公
　共安全及公共秩序影響已大為降低，解除小林善紀進入台
　灣的處分。

2001/4/ 7

◎由建國黨、長老會、台灣教授協會等單位組成的「台灣心
　行動聯盟」，下午邀請金美齡到高雄，車隊遊行市區後在國
　賓飯店舉行記者會，與台獨人士座談，討論中華民國與台

灣關係。晚上則在高雄勞工育樂中心舉辦「台獨之夜金美齡演講會」。

2001/4/25

◎日本台灣同鄉會在東京池袋舉行「聲援小林善紀《台灣論》演講會」，小林善紀本人親臨現場發表正式演說。與會者包括總統府國策顧問黃昭堂、金美齡及日本國會議員西村眞吾等近兩百人。刻正在日本就醫的李登輝前總統以書面表達祝賀與謝意。

《台灣論》的新傲慢觀點
——小林《台灣論》的歷史批判與文化詮釋

江冠明／東華大學族群關係與文化研究所碩士生

十一月間，日本出現一本熱門的政治漫畫新書《台灣論》。漫畫家小林善紀從陳水扁上台敘述台灣政治的變遷，穿插作者本人在台灣走訪政經與社會的照片與漫畫。小林藉著台灣走訪的經驗，不斷提出個人對台灣社會與歷史的觀感和詮釋。這些論點率直、尖銳地探討什麼是日本？什麼是台灣？他大膽詮釋與逼問台灣人身上的文化，到底是中國的？還是日本的？還是台灣的？

跨日中台的批判漫畫

《台灣論》是一本集歷史批判、社會批判與政治批判的書，甚至是一本跨日本、台灣與中國三地文化批判的漫畫。憑著漫畫家敏銳的觀察力，個人獨特的思辯力和細密的歷史分析，對照現在台、日、中三地政局互動提出尖銳的政治批判。作者論述中國民族主義的霸權思想緣起與發展，包括中

華文化的「中」字的自我中心霸權文化意識論。最值得稱述小林的傲慢觀點，是將《台灣論》放置在台、日、中三國歷史文化論述架構中，凸顯近百年來台灣如何在三國文化論述的衝撞中，跨越日本論與中國論，隨著民進黨當政逐步建構自主性文化意識的「台灣論」。這也是台灣最需建立的傲慢哲學，來面對來自東西方各種文化霸權論述，重新建立自我論述的起點。

書中探討割讓台灣的甲午戰爭到國共內戰，左批毛澤東右判蔣介石的民族主義霸權，論述延伸到民進黨當政。該書深入解析台灣陷入「台灣的中國」與「中共的中國」之間而混淆不清的中華民族論，直言挑出外省人與台灣人分裂的二二八事件，更廣泛論述近代國家意識的崛起，包括國家、國民教育、公共性、現代性意識等等建構對台灣意識的影響。該書申論日本如何從武士道精神轉化到近代公民意識、甚至轉變成軍國主義，同時兼論台灣如何進入日本現代國家意識過程，並且對比中國進入國家意識的時間落差。二二八的發生原因，許多論述指出是文化差異，但是真正構成二二八的文化差異，是因為1930年代的台灣已經進入現代國家公民的公共文化意識，而1940年代大陸中國還處在個人皇朝個人「私」的家天下，即使到1960年代蔣毛兩岸政權還是「私」的黨軍——效忠領袖（皇帝）。民主與極權兩種不同型態的政治文化價值觀，締造二二八的浩劫。

在地主義對抗民族主義

　　小林仔細分析台灣人曾經在戰後對中國產生強烈而正面的國家認同渴望，二二八事件迫使台灣人遠離中國認同，逼迫台灣人重新建立台灣認同，形成本省人與外省人間政治意識的分裂狀態。小林最尖銳的批判莫過於對中國知識份子的人格斷裂批判，中國知識份子宣稱中華民族有五千年歷史，但卻忽略夏商周春秋戰國秦漢唐宋元明清的朝代斷裂，知識份子所組織的官僚卻能夠苟延殘喘在各歷史朝代，包括孫中山一手所建構的中華文化一脈相承論述。繼之，蔣政權更在台灣推動「繼承堯舜禹湯文武周公、孔子」等光復大陸與中華文化復興論。面對中華民族論述，何以中國知識份子毫無認同錯亂的反省，更無歷史哲學的批判意識。相較於日本武士道精神對君主的盡忠盡死而言，中國知識份子國族意識的曖昧性是值得論述的。中華民族論的血統民族主義支撐了台灣國民黨與中國共產黨的正統國族觀，也製造國民黨政權對台灣人文的傲慢輕視，更製造共產黨對台灣主權的蠻橫無理，台灣只有也只能以弱勢的土地歸屬主義（台灣本土論／在地本土論）對抗血統民族主義的霸權思想。1990年代國民黨的台灣人總統李登輝智慧地將台灣反對運動的發展，轉化到社區總體營造面向，就是以「台灣本土化發展」來對抗大中華文化民族主義論述的文化戰略。

　　小林微妙地注意到台灣歷史文化教育的本土化發展，正細微牽動台灣歷史建構論的轉換，從中仔細論述新台灣獨立論的可能性——「從政治台獨到文化台獨的思想發展」。如何讓自己的文化與思想獨立，必須透過傲慢自外於中國史、日本史、甚至重新反省台灣史的歷史包袱與使命感，這是主張台灣獨立運動者需要仔細深思的議題。既不自卑於虛假的偉大文化論述，也不迷失在民族主義之下，這是小林如何能夠跨越日、中、台的文化論述，逐步建構小林的《台灣論》論述的立足點。小林《台灣論》的論述結構是歷史哲學的批判，透過歷史文化論述分析，剖析台灣人如何在一百年間從「清朝的台灣人」，轉變成「日本的台灣人」，到「中國的台灣人」，以至今天發展中的「台灣的台灣人」。小林論述不是創見，早在1920-30年代間，「台灣人論述」的觀點已經出現在台灣人辦的台灣民報，其論述觀點：「台灣不是台灣人的台灣，台灣不是中國人的台灣，台灣不是日本人的台灣，台灣是世界的台灣。」。

《台灣論》的緣起

　　早在1915年，中國革命後四年，日本統治台灣二十年後，台灣人已經開始運用純熟的日語爭取政治主權。林獻堂等與在台日人集會組織「台灣議會請願運動」，遠赴日本國會抗爭，台灣青年更駕駛飛機在東京空飄傳單。「台灣議會請

願運動」長達十五年，當時請願要求台灣有組織議會權，台灣自治權、台灣預算權。1923年間，台灣知識更份子投入民眾教育文化活動，組織「文化協會」，全國下鄉演講，甚至蔣渭水等多人多次入獄，更喚醒台灣人自覺與自決意識，這是台灣的啓蒙運動，也是民眾的啓蒙運動，這後來又關連到台灣人組織「台灣民眾黨」的崛起。甚至在1930年代，多位台灣作家能以日文創作文學並且獲得日本全國性的文學獎，更有許多本土藝術家出現，甚至也出現西川滿多等位台灣認同日本藝術家，一起執著表現台灣風土民情文化的藝術創作。台灣本土認同早在1930年代已經孕育成熟，不過這段思想文化史，戰後被國民黨抹黑掩蓋，讓台灣人變成是沒有文化和歷史的失憶人，更以偉大中華文化教育，藉此奴化台灣意識和醜化日本教育，製造台灣人的自卑感，藉此污衊台灣人的尊嚴。

　　小林親訪李登輝與陳水扁兩位前後任總統，分別提出尖銳的提問，同時深刻地描述台灣現實處境，並獲得兩位總統的稱許。台灣媒體酸葡萄心理，批評小林何能獲得高層如此重視，卻不願意反省兩大報採訪上總是預設立場和意識型態，台灣那麼多記者究竟寫出多少台灣的真實處境，還是淪為報老闆的文化打手？為什麼李登輝樂意見外國記者，而不屑於接見台灣記者？因為台灣記者不敢問、也不敢寫、更無能寫真實而深刻的報導。

李登輝版《台灣論》

透過李登輝個人生命成長經驗的解析,切出台灣人在日本化與中國化過程的差異與轉折。李登輝在小林尖銳的提問下,道出其加入國民黨的心路歷程以及選擇農業技術作為志業的過程。從日本時代過渡到中國時代到現代轉向兩國論,李登輝政治理念的象徵性與代表性,是台灣歷史文化論述變遷中的重要轉折點。如何剖析李登輝,是很困難的挑戰,問題是日本人的小林善紀能夠在短短一年間如此尖銳提問剖析,相對於台灣文化思想界的學術表現與論文化論述,甚至媒體文化評論家竟然不如日本漫畫家。這也是必須對台灣文化界表示傲慢、輕蔑與不屑,也是值得作文化批判與心理分析,何以台灣文化界如此自卑面對《台灣論》呢?

《台灣論》批判日本總督府對台灣血腥的鎮壓,同樣評論毛澤東與蔣介石的獨裁與血腥的政權。這種直論的勇氣是台灣文化人缺乏膽量和氣度,這種歷史批判也是台灣歷史學與思想學界缺乏的胸襟與膽識。該書諷刺中國政府只會提南京大屠殺事件,來威脅談判桌上的日本政府,藉此擴獲當前政治與經濟利益。中國與台灣兩地卻不提國共內戰的血腥屠殺,以及國共分裂後中共的文化大革命,以及台灣的二二八與白色恐怖。今天台灣媒體常替中共幫腔,要求日本賠償南京大屠殺,要求日本不能竄改歷史,事實上台灣與中共政府

所竄改的歷史，遠比南京大屠殺還要多出不知幾百倍。

小林善紀版《台灣論》的意義

相對於台灣兩大媒體對中共的趨炎附勢，卑屈自辱的評論，小林的傲慢是值得學習與探討的，他狂傲地論述中共近年對台灣文攻武嚇，質疑台灣人對台灣史的認同問題，飛彈攻台危機中，兩大媒體不敢言不敢論，淪為中共的附庸，卻反過來幫中共批評李登輝製造兩岸衝突。小林反身驕傲冷酷地嘲諷日本政界的恐共症，用漫畫諷刺日本首相屢屢對中共鞠躬哈腰的醜像，同時尖銳地將蔣介石與希特勒的獨裁統治黨政軍機構作對比，直率批判台灣受中國歷史文化的奴化教育控制，更對比台灣人接受日本政府皇民化的奴化思想教育。這樣的傲慢必須建立在精密的歷史分析與透視的歷史哲學思考，傲慢不是輕易草率的批判。

該書冷靜陳述歷任台灣總督任內的台灣經濟政策，以及台灣水電灌溉設施建設，以及農業改良，這些現代化的基礎建設是日本人的貢獻，還有基層日本公務員留下良好的表率，才會讓台灣人懷念日本文化。小林細密論證老一輩台灣人嚮往日本文化的緣由，也對比現代哈日族的思想，同時也對照百年來台中日三地歷史的互動。這種跨文化跨時代的研究，是當前台灣文化研究最需要著力的地方，而非盲目跟隨在新潮的左派流行論述、女性及同性問題上打轉，缺乏相對

時空與文化對比的深度論述。小林版《台灣論》是台灣文化研究的重要文本，是文化研究上日對台「翻譯論述」的重要案例，值得左中右派學術界提出論述研究，或者各闢戰場論戰一番。

《台灣論》文化爭議風波

中時駐日記者劉黎兒廿二日東京發文，她平實深入報導小林的寫作目的是幫助日本青年瞭解台灣。該文指出小林是偏右的意見領袖，主張拋棄自虐史觀，是日本右傾「制訂新歷史教科書之會」的發起人。記者評價這本書暢銷的原因，是漫畫表現讓台灣情景與人物活龍活現，加上日本青年對台灣歷史、政治知識與理解的飢荒感。小林想藉台灣保留的「日本精神」來鼓舞日本青年，因此，劉黎兒認為《台灣論》是「日本論」，所以受日本文化界的歡迎。聯合報東京特派員陳世昌廿五日發稿，該新聞稿就書論書，對各章節提出簡介，並引出該書廣告詞：什麼是「日本人」？什麼是「國家」等，並介紹小林在《SAPIO》雜誌開闢「新傲慢主義」系列，並且創作與李登輝對談的《台灣論》。

面對《台灣論》在日本二個月暢銷達25萬本，後續發燒現象已經引起日本青年想來台遊覽的興趣。中時聯合兩大媒體想辦法阻絕《台灣論》對台灣的發燒現象，更恐懼哈日族對《台灣論》的興趣。聯合報何振忠立即專訪曾經駐日四十

年的歷史教授戴國煇，該新聞中，戴氏未對《台灣論》的歷史論述提出批評或回應，卻轉述小林是右翼漫畫家，其提倡的日本精神是美國擔心的「軍國主義」。戴國煇擔心台灣這樣走下去，會越走越窄，他認為李登輝透過日本媒體傳話，這樣會搞壞中國、日本與台灣的關係，指責不是日本正派政治家的作為。可是戴國煇所言的日本正派政治家，正是小林所批判對中國政府搖尾巴的政客，政治家有所謂「正派」嗎？戴國煇身為歷史學者，卻閃躲小林尖銳的提問，為何不能就《台灣論》評論呢？（附記：筆者後來獲悉當時戴國煇已經病危無能深思評議，報社記者硬訪轉述，似乎有些不適當，而戴氏不久即過世。）

　　廿六日時論廣場出現中山大學政治所副教授黃競涓的評論，斷章取義把整本書囫圇吞棗，隨便找一頁撰文批評日本精神只是切腹，嘲諷台灣人的崇日情結何等幼稚，更批評作者是自我陶醉。事實上，該書日文版二六三頁起將近四頁的篇幅，仔細探討台灣人對日本精神的詮釋與認知過程，這是跨文化研究很重要的議題。因為，相對的時空文化脈絡和意義下，台灣人怎麼認知與看待「日本精神」，這不是膚淺「切腹」的行為模仿，而是跨文化翻譯過程，台灣人與日本人對生死各有不同的文化詮釋，「日本精神」如何融入台灣的文化觀，這是跨族群文化的翻譯過程。黃教授讀書不求甚解，胡扯瞎混，如果他勇於嘲諷「切腹」，是否等同於嘲諷「三民主義統一中國」、「發揚中華文化」、「復興中華民族」是何

等荒唐、幼稚、無聊呢？

　　時論另一則日本東京大學社會情報研究所博士生鄭寶娟的評論，論斷《台灣論》是台籍人士運作的書，背後的陰謀是「宣傳台灣」，譏《台灣論》是「滿里奈的台灣遊」，明星遊不足觀。鄭寶娟自稱日本求學七年，認為這本書的劇碼荒腔走板，日本觀眾認真看戲的人不多，但是網路的回應卻很熱，又言許多在日台灣人感同身受，大表支持。她批評《台灣論》誤認台灣經濟與民主是日本遺產，抹煞「新台灣人」的努力，作者呼籲要拒絕用日本人的眼光看自己，要採取理性的批判來看這本書，要趕快為這本書降溫。

　　鄭寶娟的評論顛三倒四，自相矛盾，說看戲的人不多又網路回應很激烈。她指稱「宣傳台灣」是陰謀，不要日本人的觀點認識台灣，卻不敢評論「宣傳台灣」的內容，不敢面對認識台灣要用「台灣人」還是「中國人」觀點？卻以「新台灣人」模糊跳過。台灣人怎麼認識台灣？這正是批判性閱讀小林書中的隱喻──批判百年來台灣人的歷史觀，處在日本與中國認同夾縫中的悲哀處境。試問今天的中國或台灣，有誰比小林更尖銳率直地提問這些問題呢？為什麼要怕「宣傳台灣、認識台灣」呢？鄭寶娟如此草率批評，恐怕她對台灣史的認識不如小林善紀，可能不如看過該書的日本青年，鄭氏評論也許是翻翻書皮書背寫評論。如果如此，那麼透過日本人的《台灣論》有何不可？最起碼我們的哈日族會從日本漫畫讀一點台灣史，或許日本人會比台灣人多瞭解台灣史

或許這有點諷刺，有點傲慢，但這也是台灣文化現象的真實面——台灣人不讀台灣史。也許鄭寶娟提出「新台灣人」觀點對台灣的理解，正如其批評如滿里奈台灣遊。

小林《台灣論》的傲慢啟示

小林《台灣論》是一本台灣的歷史政治學的漫畫書，也是台灣人認同意識的文化研究。也許它不夠周延或廣泛，能夠以二八五頁的政治漫畫評論寫台灣史，也是一本難見與傲慢的創作。以一個漫畫家有如此的文化觀察與表現，何不傲慢呢？日本能，台灣能嗎？《台灣論》以如此的書名出現，的確很傲慢、很輕蔑、很藐視，作者的自畫像也是一種傲慢的反諷，經常讓兩束頭髮翹起來，有如魔鬼般在書中各地挑釁地大發議論，這種傲慢，WHY NOT！有何不可！這不是比酷比傲慢的時代嗎？

《台灣論》之傲慢存在，在於台灣人對台灣史的無知、輕蔑、忽視與藐視，連報章媒體的專家評論都不得體，更暴露小林《台灣論》之傲慢的重要性。有時候對台灣人抱持一種輕蔑、藐視，也是一種必要的傲慢，到了2000年還用日本漫畫讀台灣史，這是諷刺的傲慢。如果能作為大學歷史的課外作業來討論，也許可以刺激挑戰一下，這是對台灣大學通識教育輕蔑的傲慢。台灣歷史教育能夠接受五十年中國人的「台灣論」，換一下統治過台灣五十年的日本人何嘗不可，或

美國人也無妨，那天淪到中共來解釋也無妨，這是藐視的傲慢！也許哪一天，等台灣像愛爾蘭淪陷了，再看看流亡台灣人畫的「台灣論」吧！反正多元文化論述的時代，「台灣論」也許可以擺盪不同族群的歷史觀點，也許可以豐富「台灣論」的多元觀點，這是筆者研究族群衝突的文化多元傲慢觀點。

小林善紀新傲慢《台灣論》，是檢證台灣人對歷史無知狀態的藥引。讓台灣人認識他者對我者的傲慢，或許能夠激發一點點想從台灣土地站起來的渴望，這樣的傲慢，或許是好的，有益台灣人站出來建立自己的「台灣論」。

名詞註解：「新台灣人」

「新台灣人」是1998年馬英九參選台北市長時，認同失落的外省人喊出來的口號，因此會吶喊「新台灣人」的人，是無法認同1980年代反對運動醞釀的「台灣意識」與「台灣人」。「新台灣人」可以定義為長期泛中國統一意識症候群，在無法認同台灣現實，因此藉「新」來跨越台灣人認同，「新」只是一種自我幻想的超越，有如新新人類的廣告影片，充滿新新新的無厘頭顛覆意識，卻毫無實質內容。「新台灣人」口號是一種文化心理的疏離感下的產物，它涉及對土地的歷史文化認同的模糊性、不確定性。這與1980年代反對運動中的「台灣人」是不可等同而語，甚至隱含著對八○年代「台灣人」概念的否定。明確地說，「新台灣人」是居住在台灣的中國人——自認為高於台灣人的大陸人（外省人），進行

自我土著化意識反轉過程的一種自我標幟，藉著「新」來模糊中國與台灣的間距，這是認同替代的文化現象。「新台灣人」是否空洞化發展，有待日後的觀察？也許如同新新人類很快被E世代給替代了，毫無意義可言。

（原載於新台灣周刊第249期）

拼版《台灣論》
——從小林《台灣論》逆轉再現「台灣論」

江冠明／東華大學族群關係與文化研究所碩士生

小林《台灣論》的日本脈絡

日本漫畫家小林《台灣論》出版後，引起日本青年與社會注意，預估可能突破百萬本，尤其是《台灣論》在台灣引起那麼強烈的風波後，更加刺激日本對該書的注意。《台灣論》在小林的觀點下是在台灣尋找日本精神的文化詮釋，是透過追尋日本曾經遺留在台灣的「日本精神」，由於戰後日本左傾的輿論和社會變遷，這段文化史與文化精神成為日本戰後五十年刻意被遺忘與禁忌的日本史。小林試圖透過一個台灣的追尋，捕捉祖父輩曾經提起往日時代（1895-1945），小林《台灣論》的文化尋根是後現代論述的議題——「日本精神」在台灣的逆轉再現。

也許是無意，也許是偶然，小林的追問讓台灣重新回憶一段被否定的歷史記憶。也許是荒謬，也許是顛覆，小林追

問的對象李登輝正好是擁有雙重國籍（日本人／中國人）、三重文化思想（日文／中文／英文）、雙重記憶（日本政府／國民政府）的跨時代人物。李登輝的角色如何從日本人過渡到中國人、又回溯到台灣人意識，這種「變身」的文化經歷與認同轉換，正好跨越日本政府到國民政府兩個世代。李登輝之所以變成《台灣論》的主角，其複雜的變身過程，正反映小林《台灣論》的論述主題，從雜種化批判觀點出發的「拼版台灣論」文化詮釋。

尋找李登輝身上的日本精神

　　小林認識的李登輝身上殘餘的日本精神，竟然激發小林的日本認同。日本人在日本邊境地帶的台灣文化中尋根。從池塘投石的水波文化理論，當年投石的中心文化經過若干年後，隨著擴散的波紋到邊陲地帶，而投石的中心已經被新石的波紋取代。投石理論很適合檢證中國文化與台灣文化的關係，台灣的中國文化論述在現實時空中，中國中央已經被左派文化論述取代，台灣依舊依存在1945年前移植台灣的中國文化論述中。水波文化理論也可以檢證南洋華人社會百年前移植自中國移民的中華文化殘餘。移民社會承襲的母文化殘餘也發生在西方，美國某南方西班牙裔的城鎮依然保存著三、四百年前的西班牙語音、詞彙和風俗習慣，與現在的西班牙文迥然不同。今天台灣國語所保存的北京國語詞彙與現

行中國北京語也出現極大差異，反映不同文化環境的思想意識變遷。解析國民黨的中共非中國的論述邏輯，反映水波文化論的邊陲性，僅剩下台灣版圖的中國論，變成是失落在中共中國外的烏托邦。

　　昨是今非的文化矛盾現象，不僅在台灣，也出現在日本，因此小林尋找失落的日本精神，卻在台灣的七十歲老人李登輝身上找到失落的記憶。如果這個邏輯具有普遍性，那麼今天存留在台灣的中國論與日本論，竟然糾纏在李登輝身上的台灣論，是屬於1945年前的過去中國與過去日本，在今天的台灣混合成「拼版台灣論」。諷刺的是，這個雜種的後現代混雜性，卻支撐兩個1945年前曾經存在的「日本時代」與「中國時代」，所以台灣的一個中國文化認同並不存在於今天的中共中國，同樣李登輝世代殘餘的日本文化認同也不存在於日本，台灣似乎成了兩個文化邊陲的考古遺址。

台灣人雜種化發展

　　從「拼版台灣論」文化現象中，解讀李登輝的存在意義，正如詮釋台灣人自我異化過程——後現代的混雜性，台灣人是中國人的雜種？變種？或者是一種新種？台灣文化是中國的？日本的？平埔族的？清代漢人的？原住民的？外省的？追問台灣人相對於中國人的差異在那裡？近年來出現一份血液基因報告，指出台灣人與中國人具有高度的基因差

異，但是血緣差異的意義在那裡？是希特勒德國優生學日耳曼民族主義的逆轉嗎？不過，台灣人血緣混雜，正好反映在台灣基因的差異性上。血緣差異無法等同於文化差異，尤其是近百年的台灣經驗而言，在在顯示一種新的變種趨勢，這個趨勢包括了雜種化拼版台灣論的「去中國化」，這種排他性論述建構牽引台灣內部統獨論述的對抗，甚至引發中共的恐懼，擔心台灣獨立會引發中國內部蒙古、新疆、西藏與南邊的分裂運動。因此，台灣面臨的不只是邊陲化的主體建構，甚至是更複雜的東亞政治局勢的分裂與整合，雖然台灣民族主義者不願面對這麼多而複雜的情境，但是雜種異化發展是台灣拼版文化中的多元化面向。

今天台北眷村外省人與本省、客家通婚，以及台東屏東花蓮地區外省人與原住民婚生孩子，出現父系族譜的中國認同，抹滅母親家族的文化認同，是漢化建構的中國文化意識。過去台灣平埔族的消失也是父系制度併吞母系社會的結果。在台灣拼版文化現象，中國烏托邦意識是值得反省的自我批判——一種台灣迷失與遺忘的沈淪。台灣漢異化發展，是建構在中國父系族譜的文化意識下，台灣父系族譜的中國情結抹滅母親家族的文化認同，這是台灣統派中華民族血緣論述的最大支撐點，也是客家族群的血緣主義中曖昧的華族的依歸心理。不可否認，這是台灣拼版文化現象，值得台灣人反省、自我批判——一種自我異化與自我遺忘的沈淪。不過，漢異化與邊陲化發展是台灣拼版文化中多元面向之一，

也是雜種化的文化變遷與創新的過程。

「台灣人」與「新台灣人」的鬥爭

最近幾年又產生「新台灣人」與「台灣人」的論述對抗。「新台灣人」概念的提出，是1998年馬英九參選台北市長時，認同失落的外省人喊出來的口號。吶喊「新台灣人」的人，是無法認同1980年代反對運動醞釀的「台灣意識」與「台灣人」對鄉土文化的追尋，它正好呈現負向的逆轉，隱含著對八十年代「台灣人」概念的否定。這是打著紅旗反紅旗的戰略，以「新」的詮釋取得超越台灣人主體性的更高位階，「新台灣人」比「台灣人」更「台灣」更「新」。

從外省族群的新認同觀「新台灣人」的建構，「新台灣人論」可以定義為長期泛中國統一意識症候群，在無法認同台灣現實下，因此藉「新」來跨越台灣人認同，「新」只是一種自我幻想的超越，有如開喜烏龍茶的新新人類廣告影片，充滿新新新的無厘頭顛覆意識，卻毫無實質內容。「新台灣人」概念受到後現代意識型態的廣告影響，提供「新」的反諷論述建構，這是「新」文化心理的疏離感之下的口號產物，它涉及對土地的歷史文化認同的模糊性、不確定性。「新台灣人」概念是居住在台灣的中國人——自認為高於台灣人的大陸人（外省人、新黨成員），進行自我土著化意識逆轉過程的自我標幟，藉著「新」來模糊中國與台灣的間距，藉

此拼版文化擠壓認同的恐慌。

「新台灣人論」拼貼後現代台灣的新版圖，加速「拼版台灣論」的後現代混雜性。當李登輝拉著馬英九的手高呼：「這是新台灣人」，充分表現國民黨一個中國論的曖昧、荒謬、錯亂的意識狀態，同時暴露國民黨與民進黨對「李登輝之台灣意象」的愛恨情結。「新台灣人」的文化現象，是「拼版台灣論」最弔詭、衝突、辯證與混雜的精緻藝術表現，使「拼版台灣論」具有高度的現實性與融合力，同時也凸顯李登輝「跨」時代人物的超越性與複雜性。李登輝下任後，國民黨與統派文化人士處心積慮推動「去李登輝」思潮，對李登輝論述進行強烈掃蕩，尤其對中台兩國論的批判，這反而凸顯李登輝時代的不可替代性，使李登輝確立後現代台灣拼版圖像中的明星位置。

「拼版台灣」的文化詮釋

「拼版台灣」的文化現象中，包含複雜的交叉認同現象。遠從日治時期的台灣人概念的提出，歷經百年來日本認同與中國認同的錯亂情境，台灣人的「台灣認同」因省籍情結又更加複雜化。逆追李登輝的國族認同，反映「拼版」雜種國族認同的替代特色，是「台灣印象拼版」的再現，也就是「台灣怎麼變成台灣」的歷史論述之後現代版——「中國的台灣與日本的台灣」對話。小林《台灣論》檢證李登輝，如同

檢證台灣意識在跨族群文化中的自我肯定／自我否定／自我辯證，多重辯證關係，這是政治黑格爾的正反辯證認同過程，或許是青年李登輝對左派馬克斯書籍的閱讀時留下的見解。百年來，台灣人的認同交錯在日本人與中國人的錯亂中，更在異族群文化的相對排擠中，「台灣人」變成一種邊陲認同的污名。學好日文、學好中文，掩飾台灣腔的不正確發音，一再刺激台灣人心靈自我異化的過程。

台灣人的認同參雜時代的變動、歧視、挑戰和努力，「台灣人」一直是被外界所界定，同時它也在自我形構「台灣人」。林洋港國語會在1980年代躍升為綜藝節目的模仿秀對象，正是凸顯錯置的另類詮釋的顛覆作用，台灣社會以一種曖昧的曲解來轉換認同的落差與偏差，林洋港國語正好反映錯亂現象的符碼。這是台灣媚俗、低俗與庸俗的認同遊戲。不過在逆轉再現的過程中，林洋港國語、李登輝國語替代蔣介石浙江國語、將經國國語，台灣國語變成日常語言的真實性，更成為外省族群認同台灣過程中刻意模仿的變音。在台灣逆轉再現的過程中，擅長標準國語的播音員或電視主播，開始講不輪轉的外省腔台語。從台灣國語與外省台語的交替再現，展示拼版台灣的後現代景觀，同時也建構拼版台灣的認同面向。

逆轉辯證的李登輝情結

　　台灣的認同偏差逆轉成台灣人的李登輝情結。國民黨也因時際會運用台灣人錯置偏差認同，塑造台灣人的國民黨總統，荒謬的是，民進黨也附和、陷入李登輝情結中，陳水扁的台北市長時期正式反映民進黨的認同錯亂情結。李登輝身上承載日中雙文化意識洗禮，構成「拼版台灣」的後現代意象，在其身上，日本精神殘餘的混雜性，對中華主義者的中國化純粹論是挑戰。台灣文化的「拼版」雜種化發展，反映戰後國民政府對台的訓化政策——去日本化、去台灣化的閹割，但是到了1990年代，逆轉成「去中國化」，甚至影響外省族群逆轉再現了「新台灣人」意識的自我顛覆。

　　回顧近百年的歷史變遷，「台灣人」概念隨著不同時代不同文化意象而轉變。在清代僅是一個模糊輪廓，用來區別落地生根的漢人與來自內陸的人。最近歷史學者積極探討台灣人祭祖宗教中，什麼時候出現「開基祖」的稱銜，在這稱銜背後，意味著「斷裂／再生」的詮釋。換言之，清末台灣人的在地性已經浮現，認同台灣這塊土地的意義。「台灣人」在日治初期帶有被貶抑的歧視，到了1920年代，台灣人能夠操控熟練的日語，並且積極進入日本各大學研習法商的知識，同時也從事文學創作與文化意識探討。「台灣人」變成一種自覺意識，1923年台灣文化協會成立，就是「台灣人」概念的轉化過程。早在1915年，台灣人與在台日本人聯合提出「台灣議會」，「台灣人」的概念在政治上已經融入現代國民與國家的概念。戰後國民政府的歧視，使「台灣人」淪為

下等人，加上二二八扼殺台灣人的發言權，這股來自中國意
識的壓迫，成為激發「台灣人」意識建構的新機制。

小林《台灣論》的提問

　　小林的《台灣論》觸及到台灣最敏感的認同問題，小林
想從李登輝身上看到日本人留下的影子，這個影子成為日本
青年重新認識自己的方式——失落的記憶。台灣卻從日本的
詮釋中，再認識自己一次，透過日本漫畫，「跨」地再認識
自己。這本書從台灣人來解讀時，立即產生「我是誰？我在
那裡？那個時代？」。台灣人一直不敢反省「自我／認同」間
的問題，因為二二八的整肅使台灣知識份子死的死，逃的
逃，留下來的必須用一種認錯與贖罪的方式苟延殘喘於社會
邊緣。李登輝跨過這樣的生死文化斷層，使得李登輝變成
《台灣論》的核心人物，同時李登輝執政後期政治思想與文化
認同的逆轉，讓李登輝成為《台灣論》的論述核心。相較於
陳水扁執政的政治思想與文化概念，李登輝在文化論述上的
意義遠比陳水扁來得複雜而多元，這也是李登輝逆轉再現
「台灣論」的典範性詮釋。

　　李登輝作為「台灣論」的論述可能性，在於其成長教育
是在日本文化薰陶下，二次大戰後又開始接受西方教育，成
為農業科技教授，又轉任中國政府官僚。從李登輝身上的拼
版文化中，隱約浮現台灣文化吸納外來文化的能量，這股力

量延續到現在。李登輝的文化吸納經驗，成爲「拼版台灣論」的知識份子縮影。現在台灣文化的吸納，更從美國轉向歐非亞澳，進行跨文化的閱讀與詮釋，「拼版台灣論」更結合後殖民論述與文化研究的「跨」領域建構。從世界的觀點看台灣，台灣所吸納的政經社會科學論述，使台灣透過一種鏡射的影像，交叉地投射不同文化的論述影像。這些發展變遷使得台灣經驗、思想與文化論述，遠遠跨越中共中國知識份子的經驗，也使不同文化論述經驗下的台灣，產生獨立於中國之外的文化意識。更關鍵性的是台灣逐漸成熟的個人主義，更隨著後現代論述加速前進，這種個人主義的獨立經驗更助長文化台獨思想的發展。

跨文化的拼版建構

「拼版」是一種重構，台灣文化需要不斷地重構，台灣文化本身就是一種雜種化拼版化的發展，同時是「去中國化」的自然變奏。後現代「拼版台灣論」論述的形成，不只是反中華一統論述的逆轉建構，而是兩者間的文化衝突激發台灣自我邊陲化的發展建構。從後殖民文化研究的批判角度來看，撒依的東方論試圖論述他者與我者間的論述差異，可以成爲台灣與中國兩地論述的批判閱讀，同時激盪逆轉再現的台灣主體性。小林對中華文化的「中」的批評，也是建構在批判閱讀上，重新閱讀中國對台灣、韓國、日本的文化關

係，與其批判小林日本觀點的他者觀點，倒不如批判中國政府對台灣的他者觀點，與台灣統派對台灣的他者觀點。

　　小林《台灣論》對台灣人是一種提示、一種批判、一種新觀點的關切，值得台灣人好好閱讀與反省。不過，拼版論述的可能性，卻在於他者對我者的曲解、壓抑、威權後，所產生我者的反思論述。無論台灣人、新台灣人、新新台灣人都是「拼版台灣論」的逆轉再現。如何重構「台灣論」，不止是文化論述、歷史哲學、更是政治哲學探討的範疇，「拼版台灣論」只是「台灣論」的起點，也許「台灣論」將會成為二十一世紀文化研究與歷史哲學論戰的顯學。

後記

　　筆者在2000年11月中旬赴日旅途中，路經大阪，與旅館櫃檯小姐聊天，這位孫小姐來自北京，移民日本將近十年。她知道我從事寫作，和我聊台灣的事，並且告訴我《台灣論》這本書，她認為台灣值得去瞭解和認識，這本書給她很多啓示。筆者在前往奈良博物館途中，於路邊的書店用筆，紙溝通買，到《台灣論》。途中匆匆閱完，覺得內容和觀點和我所瞭解的差不多。返國後，本想寫一篇書評，但是工作忙碌，擱置在一旁，甚至遺忘而堆到書堆的底邊。有趣的是，台灣統派媒體的緊張與恐慌，接連在報章媒體特闢整版或專題報導，讓筆者想起被遺忘書桌角落的《台灣論》。也許中國聯合兩報的統派文化打手率先攻擊，激發筆者重新閱讀與對照，

發覺統派論者們避重就輕，胡言胡語，這些論述激發筆者的鬥志。筆者在職身份進入研究所時，立志作「文化傭兵」，希望在文化競技場上，發揮文化鬥士的力與美，也有悟於台灣文化研究有必要對《台灣論》進行一場後現代的競技，因此感謝台統知識菁英們的刺激與挑戰，讓筆者能夠有到競技場上搏鬥學習的機會。

誰來解釋台灣歷史

葉柏祥／台灣日報記者

　　台灣人，是個多苦多難的民族，歷經荷蘭、鄭成功、滿清、日本、國民黨等不同時期的統治，產生了能屈能伸、忍辱負重的性格，接受日本統治的人，在台灣已越來越少，俗稱「日本製」，以李登輝、許文龍等人為代表，或多或少都有一股這樣的個性，也有鮮明的「日本情結」，日本出版的《台灣論》，許多觀點與這些人不謀而合，畫中洋溢著台灣主權獨立、人民當家做主的論點，卻也因為對日治台事蹟的論述，引起社會的爭議。

　　那個時期的台灣人，經濟條件很差，與統治者日本人相較，是個次等國民，甚至地位還不如朝鮮人，來台統治的日本人，地位高高在上，可是其管理制度、規劃技術不差，讓被統治者雖然不滿（才會產生像廖添丁這般劫富濟貧的義賊），但還可以接受政治安定與社會治安維持著一定的水平。另一方面，抵台的國民黨軍隊程度參差不齊，表現不佳，再加上二二八事件、白色恐怖等陸續上演，更令當時民眾震

驚，感到今不如昔，誕生了對日懷念或是以日為傲的情結。

在國民黨統治時期，打壓日本文化，台灣的「知日派」潛入地下，私底下他們津津樂道日本治理的成就，保留日本的風俗與作風，在交際場合，日本話是他們共同語言，日本歌是他們心理深層的感情，儘管當局發佈禁制令，仍難禁止他們的真情流露。

《台灣論》作者小林善紀，在日本被視為右派作家，與東京都知事石原慎太郎屬於同一伙人，是新興的政治勢力，他們主張重振國魂，建立國家觀，並要重新正視日本發動侵略戰爭的功過，不要讓下一代仍然生活在第二次大戰的陰影下，抬不起頭。這些思潮仍在起步，並非社會的主流觀點，他們「禮失求諸野」，來到台灣，找到李登輝等人訪談，許多觀點不謀而合，視為至寶，宣稱在這些「台灣的日本人」身上找到遺失已久的「日本精神」，看到日本的「新希望」，他們大肆宣揚老一代台灣人的「傲骨精神」，當作日本人統治台灣的遺產，可是他們也許不知道這些理念與觀點，包括慰安婦是自願的，日本對台是良心統治，侵略戰爭不應全盤否定等問題，在台灣並非社會的主流思潮，沒有被統派媒體所認同。倒是他們對國會、媒體等社會亂象，極度地反感，反而與台灣多數民眾的看法接近。

《台灣論》等著作的問世，可以看出這一代日本人為找尋自己國家的定位，正發動一股歷史解釋權的爭奪戰，因而才會不惜勞苦，千里迢迢來到台灣「尋寶」。反觀台灣，對本土

文化與歷史，不是矮化或醜化，就是充斥短線炒作的風氣，新政府上台以來，朝野政爭加劇，政權移轉對新史觀的塑造，還未形成風氣，正是《台灣論》、《亞洲的智略》等書在日本熱賣現象下，可供我們省思的問題。

（原載於2月22日台灣日報）

外省中國人報紙
對本省人及日本人的鬥爭把戲
——駁二大報對《台灣論》的特別對待

宋澤萊／台灣新本土社成員、台灣中社成員、台灣作家

　　聯合晚報（2001.2.21）、聯合報（2001.2.22）及中國時報（2001.2.22）以頭版或話題版，大幅刊登某婦女團體、某些民代對《台灣論》一書的抗議。特別將攻訐的箭頭指向本省人老一輩的許文龍、蔡焜燦先生。

　　我看這種外省人鬥爭本省人老一輩的作法，絕對不會只帶給外省人好處。這本漫畫剛在台灣出版，我就詳細看了。坦白說，我不覺得李登輝、許文龍、蔡焜燦的話語有什麼可叫人挑毛病的地方。凡是70歲以上那一輩的我們本省人就是那種看法，他們坦誠表明一個世紀裏對於這個世界的看法，包括對日本及蠻橫的蔣政權的看法都極其自然，假若我問我的父親，他也會持這種看法。這本書不但真實的描述了上一代本省人的世界觀，也啓開了一個研究本省人心靈的大門，是一個好的開始，可惜外省人一貫的破壞性正在摧毀它。

　　關於許文龍對慰安婦的看法，我認爲無可指摘，許文龍

只說他問過「幾個」慰安婦，並沒有說「全部」，只有傻瓜才會認為是「全部」。蔡焜燦是那時代的見證者，說法不脫平常之論，婦女團體何必小題大作？聯合報及中國時報又何必鬥爭本省人的家長？

最奇怪的是謝啓大這個外省人，她認為許文龍、蔡焜燦「為日本政府講話，實在是台灣人的悲哀」，她責問「有沒有韓國人敢講這種話！」這種責問，證明她沒有好好讀完《台灣論》。台灣老一輩的人贊揚日本人，是因為日本人曾在台灣做了貢獻，在《台灣論》已經寫的很清楚，何必再問？像謝啓大這種逢日必反的機器人，才是台灣的悲哀！

《台灣論》其實是一本可以發人深省的書，作者小林善紀非常努力，不管繪圖、文字都力求實在，看得出日本人那種專業、務實精神，他想提振日本人萎靡不振的士氣只是正常之舉，沒有可議之處。外省中國媒體應該反躬自省自己一向草率出版，賤視本省人心靈言論的行為，到底給台灣造下多少的罪孽。

一個民主的時代仍自閉無知，想阻擋本省人說實話，想禁掉別人辛苦寫書出書，這些發言人、這些報紙早晚都要自食惡果的！

（原載於2月23日台灣日報）

婦女救援基金會選擇性失盲

林朝億 / 台灣日報記者

　　慰安婦事件所追求的社會正義，在仇外情結及幾個主事者無法謹守社運原則下，逐漸失焦。慰安婦向總統府表示，希望總統應該出面為她們主持公道。總統當然要出面，不僅為慰安婦主持公道，向前日本政府委託民間經營的「性強制勞動」罪刑抗議，協助這些受害者討回公道外，總統陳水扁作為一國元首，更應該進一步檢討過去由政府所犯下更系統性、更大規模的「性強制勞動」，也就是俗稱的「軍中樂園」。然而，整個「防止性迫害」的運動，卻在幾個主事者任意讓「仇外」、「仇日」情結氾濫下，逐漸失去運動的原始目的。

　　不管是波斯尼亞戰爭，塞爾維亞軍人強暴回教婦女，或是日本軍國主義犯下跨國的「性強制勞動」罪刑，在人類的歷史上，婦女及小孩一向都是大規模軍事行動最直接、也最無反抗力的受害者，任何一個文明政府都應該採取迫切與直接手段防止這項犯行再度發生。過去，政府就曾以「替代勞役」、「減刑」為由，強迫獄中女犯人到俗稱的「軍中樂園」

從事「性強制勞動」，比起「慰安婦事件」，這是本國政府更大規模、更系統性與直接的罪行。

不幸的，在整個「慰安婦事件」上，卻看到了婦女救援基金會或是王清峰律師們，在「反日」、「仇外」情緒發酵下，「選擇性的失盲」。如果台灣政府自己都不能平反、補償自己犯下的過錯，不能將「軍中樂園」、「慰安婦事件」編入教科書內，如何可以大聲地要求外國政府必須為此道歉？

幾年前，印尼政局不穩，發生暴動，甚至進而引發排華事件。除了新黨李慶華等立委到印尼代表處抗議外，還有國民黨籍主導的婦女團體展現十多張的華裔婦女被強暴相片，媒體更是一片炒作。最後查出來，這些相片居然是從東帝汶獨立網站下載下來，引起一陣批評，這就是盲目的排外情緒下，忘了手段的分寸與目的之正當性。

（原載於2月24日台灣日報）

查明《台灣論》，謾罵於事無補

魏瑞明／台灣教授協會會員

　　日本漫畫《台灣論》引述總統府資政許文龍、偉詮電子董事長蔡焜燦對二次大戰台籍慰安婦的言論，引起諸多的批判，此一事件的引爆，從客觀的立場來看，「台灣論風波」應是在認知上與感情上的不同所產生的誤會。

　　從歷史背景來看，許文龍先生與蔡焜燦先生都是在日本統治台灣時代成長到成人，當時的台灣在日本統治時代，除了終戰前幾年，因日軍逐漸潰敗，連帶對戰備物資需求孔急，而造成台灣社會日常生活緊縮之外，整體而言，老一輩的人對日本治台「秩序良好、建設發達，教育普及、稅金較少、官吏清廉」的年代是極為感念的。

　　這種「戀日心結」並不代表所謂的「哈日」，而是一種懷念，如果從日治時代較諸國民黨治台時代相比較，國民黨除了延續日治時代的教育普及與接收日治對台基礎建設擴大國家建設之外，其他不僅不值得一提，甚至是反其道而行，日治時代出生、成長，又具有高知識水準的老一輩台灣人，對日本治台的肯定是有其情有獨鍾之處，因此若干對許、蔡兩

先生的日治肯定大肆批判，其實除了是大中國心結作祟之外，許多批判者不了解台灣老一輩日治耆老「崇日」背景，即逕予惡意的謾罵，令人甚感遺憾。

此外，對於「慰安婦」問題的談話，從現今觀點來看，「慰安婦」這個產物當然是恥辱與不當的，但若時光倒回日據時代，終戰前幾年到國民黨接收這段時間，台灣本島雖未受到戰爭的波及（除了美軍的空襲），但同樣也成了戰爭受害區，日本不斷地從台灣運出戰略物資，人民生活貧富差距過大，當年台灣還普遍是農業社會的年代，生女兒是不值錢的，所以「養女文化」充斥，無能力扶養的女兒送給好過人家當養女比比皆是，女人家被視為是賠錢貨，這在貧困人家是普遍的心態，如果女人能賺錢貼補家用，當然被視為出頭天、有前途。日治時代，有多少能讓女人賺錢的工作？那些無一技之長、家中真的缺錢的女孩，無奈地走入娼門，其實是大有人在，自願為貼補家用而走入從娼一途的當然也有。

許先生所言並不是指她們自願作賤，喜歡從娼充當日軍「慰安婦」，而是因為生活清苦，為了改善家庭環境而自願從娼，況且，許先生會對慰安婦的問題發表引起爭議的談話之前，其所言是轉述這些從業者的談話，縱使其中可能確有許多人被騙或後悔，但有些人是自願前往應該也是事實，這個問題必須要從前因後果來看，不要斷章取義，這是不對的，對許先生也是不公平的。

最後，「慰安婦」問題不只是日軍才有，如果外界還有

印象的話，國軍遷台後到民國八十年之前，台灣外島的「軍中茶室」（又稱「八三一」、或「軍中樂園」），不也是另類的國軍「慰安婦」？那些「八三一」的從娼女性難道不是被逼的嗎？

　　所以，筆者認為，「慰安婦」的歷史史實應該要查明，到底日軍是以詐騙、威脅或事前已告知前往日軍軍營從事「慰安」工作的少女就是從事娼妓，這都需要有明確的明證。等待歷史真相釐清再行評論對錯，或許這才是真正的解決之道；在真相未明之前流於謾罵，只會徒增意識型態爭議的困擾，而無補於事實的釐清。

（原載於2月24日台灣日報）

軍中樂園的人權與補償

林朝億／台灣日報記者

　　昨天許文龍在媒體逼問是否認為日本政府的慰安婦事件是不對時，他說，以前我們自己也有「軍中樂園」，逼迫幾萬名自己的婦女從娼。事實上，就「軍中樂園」來說，雖然國內婦女團體投入研究的功課不如慰安婦事件，幾個明星級的政治人物倒是在不同的時間內，對此發表過一些看法。

　　1998年2月6日，已經辭掉政務官的馬英九跑到有線電視台主持「小馬哥現場」。第一場節目討論的就是與公娼議題相關的「色情演義」。馬英九找來了嫖客、妓女及鄭村棋、劉承武等人。聊啊聊，來賓嫖客突然冒出一句話，公娼是老蔣時代設的，為了大陸來台的軍人解決需要。馬英九則主動回應，以前的「軍中樂園」，門口還有對聯寫著：「提高士氣，鼓勵三軍。」非常有意思。至於這句「非常有意思」，是指對聯、老蔣設娼館、或是對話內容俏皮有趣，則不得而知。

　　值得玩味的是，當1992年陳水扁總統還擔任立委時，在慰安婦議題才剛被提出時，他就在立法院質詢要求廢除也是「強制性勞動」的「軍中樂園」。當時就有內政部官員私下承

認，雖然現在在「軍中樂園」服務的軍妓都有簽下合約，但是也有部份是在台灣服刑女犯人、特別是被抓的娼妓，被強迫送到「軍中樂園」。不久，當時的國防部長陳履安則宣布廢除「軍中樂園」。隔年，在陸續發生軍人強暴婦人後，金門縣縣議員陳恩賜還希望，基於外島官兵的需求和地方婦女安全的考量，軍方應考慮重新設置特約茶室。

（原載於2月26日台灣日報）

迷日有罪？迷中有理？

自由時報自由談

　　《台灣論》一書對慰安婦的不當描寫，相信有血性的台灣人都會義憤填膺，無法認同。但是，《台灣論》是一本日本民間漫畫家的著作，並不是黨派的政治宣言，也不是日本教科書，台灣一些政治人物利用了書中某些片斷的內容，意圖進行政治鬥爭，也同樣令人難以苟同。

　　軍妓制度之不當，理該接受譴責，並不因國家或種族的不同而有所差異。因此，在政治人物於國會殿堂、婦運團體於街頭為慰安婦簽名討回公道的同時，如果這些人能夠為台灣俗稱「八三一」的軍中樂園軍妓做一歷史翻案，一定能贏得更多的尊敬。

　　為軍妓討回公道，是維護人權的普遍價值，任何女性都不應該變成軍人的洩慾工具，不管洩慾者是日本軍人還是台灣軍人，不管設立軍妓制度的是日本政府，還是中華民國政府，都該接受同一套道德標準的檢驗，而不是聞慰安婦之受虐則立即繃緊民族的神經，而一遇到「八三一」問題，就可

推卸給歷史環境之使然。

　　再者，《台灣論》描繪出老一代台灣人的戀日情結，這固然刺痛了某些人的政治神經，讓大中國情結者渾身不舒服；但是如果這樣一本書必須受到某些戀中者發起拒買、拒賣的抵制，那麼台灣書店中充斥罵起李登輝、陳水扁來，比當年殺他們家人、迫使他們逃到台灣的共產黨還要兇悍的書籍，那些書台灣人就不該拒買嗎？

　　　　　　　　　　　　　（轉載自2月26日自由時報）

《台灣論》的歷史傷痕

林碧堯／東海大學教授、台灣中社會員

　　日本作家小林善紀的漫畫作品《台灣論》漢譯本於本年二月在台灣發行，立即引起台灣中國人的抗日風潮。一些國會立委捉住慰安婦當作主題，透過對許文龍和蔡焜燦兩位相關言論的圍剿，發洩抗日的歷史民族情緒！很遺憾地，再度撕揭了台灣社會的歷史傷痕。

　　過去，日本殖民統治台灣五十年的這段歷史，對日本而言，那是他們的戰利品，也是他們打敗中國光榮歷史的一部分，日本人要如何面對這段歷史，那是日本的內政問題。但是這段歷史，對台灣而言，那是被遺棄、被不同民族殖民統治的歷史紀錄，台灣人民的這段感受一直被後來的統治者導入抗日的民族情感，方得以發洩，否則就會有漢奸罩頂的厄運！台灣人民真正的感受，在中華民族大義之下，一直被壓抑、扭曲著。直到李登輝總統掌握實權之後，才有機會宣洩一點長期鬱積的苦悶，浩嘆台灣人的悲哀；不過，卻也隨即引起台灣中國人的反彈與攻擊，這也成為國民黨反李情結的內質因素，甚至政局的動盪！易言之，在國民黨文化下的台

灣，抗日情結已然成為民族大義的尚方寶劍，至今揮舞著這把尚方寶劍的族群，卻是當年割讓台灣的中國人後代子孫！如果真正深明民族大義的中國人，他們應當為台灣這段被殖民的歷史，感到羞恥；當他們有機會再度掌權統治台灣時，理該做出民族感情應有的救贖與補償！事實又不然，即使治權再度淪落，卻依然以統治者心態，面對台灣這一段被遺棄的歷史張牙舞爪，對台灣人民部分卑微的感受大肆放大、咆哮！

不錯，慰安婦的確是人類歷史的恥辱！任何對人類的奴役行為都應當受到譴責，這也是發皇人權，社會文明進步的指標。慰安婦這個議題在第二次世界大戰後浮現，那是人權正義的追尋，因為她們是在軍國主義大義下，被奴役服侍皇軍的異族女性。日本揮軍從東北亞到南洋時，將佔領區的異族女性當成戰利品，為日本皇軍服務，那幾乎是古代奴隸制度的翻版。一旦戰敗投降，在罪與罰的審判下，慰安婦的求償也成為理所當然！因此，以異族女性被奴役的慰安婦，根本談不上自願與否這類隱私的問題，韓國慰安婦就可以義正辭嚴向日本求償。

至於在《台灣論》中，談台灣慰安婦的角度，仍可以看出日本統治者的心態；其實這和國民黨統治台灣，高舉反共復國時期普設國營軍中樂園的國防措施，並無太大的差別：奴役弱女子，為維護政權的軍人服務！要責問當事人是否出於自願，實在殘忍而不人道！如今政客卻把它當作政爭的工

具，更是下流而無恥！台灣的慰安婦是否出於自願，當然要尊重當事人的表白；那個時代的非當事人如何認知，那是另外的議題，在這個時代要表達個人意見，言責當然自負。如果因時差而造成言禍，受害者自可依法律途徑尋回公道！民意代表若要見義勇為地為民喉舌，最沒資格的就是那些藉此搞批鬥、弄政爭的中國政客，他們都是忍心割讓台灣的中國人的後裔，更是搞八三一當權派的子弟子女！台灣慰安婦的命運，比韓國慰安婦更悲慘，主要是因為台灣被中國出賣在先，被外來政權統治者蹂躪在後的緣故。這樣的命運是誰造成的？如今竟然厚顏以割讓台灣，沾染血腥的手，再撐民族大義的大旗，試圖掩飾自己的罪行，進而保障自己的族群利益，忍心再度傷害可憐的台灣慰安婦！

慰安婦所呈現的史實，不只是闡述被奴役女性的痛苦，更是揭發統治者醜陋的嘴臉。為慰安婦爭取求償，不只是受害者的補償，更是人權公道的彰顯！慰安婦議題的焦點在於塑造慰安婦的禍首的罪孽，不在於質問受害者自願與否的假慈悲的問題。對人類醜陋歷史的反省，其目的在於避免歷史傷痛的再度受創復發！遺憾的是，這次島內對慰安婦議題的失焦，本末倒置，甚至借題發揮，再度反映出外來統治者心態的作祟，實屬民主台灣社會的不幸！

（原載於2月26日自由時報）

反日狂徒眞的關心慰安婦嗎？

李筱峰／台灣歷史學會理事、台灣教授協會會員

三十年前，我在《大學》雜誌上面讀過一篇文章——〈妓女，誰來關心妳們〉，讓我深深感動，也讓我認識到，一個眞正具有人道精神的人，其關心的對象是不該有職業貴賤之分的。當時寫這篇文章的人，不是國民黨統治當局的權貴子弟李慶華、不是專替國民黨外來統治集團打壓民主運動的馮滬祥、不是跳不出眷村意識型態的謝啓大，也不是受國民黨教育洗腦，對台灣歷史一無所知的王清峰，而是一位當時就讀高雄醫學院的學生陳永興。

馮滬祥、李慶華、謝啓大、王清峰這些人最近爲了許文龍、蔡焜燦兩位先生有關慰安婦並非出於強迫的言論，而出來大肆叫嚷，一夕之間，好像變得非常具有人道精神的樣子。

可是我忍不住想問，這批人眞的關心台灣的慰安婦嗎？這些人眞的具有人道關懷的心胸嗎？如果答案是肯定的話，那麼請問，台灣人被中國外來政權屠殺一、兩萬人的二二八事件，爲什麼從來沒有聽他們哼過半聲，講過半句關心的

話，發起二二八平反運動的人還是陳永興、鄭南榕等人，不是這些人？難道慰安婦會比二二八的大屠殺悽慘嗎？

請問，在五○年代裡面的白色恐怖統治，有兩千多人遭槍斃，九千多人遭處重刑，為什麼沒有看過馮滬祥、李慶華等人出來帶頭呼號？

回到慰安婦的問題，在八○年代以前，金門馬祖等外島的軍中有所謂「八三一軍中樂園」，在那裡面服務的女子，不也是一些被強送而去，且簽下賣身契規定要服務幾年才能脫身的「慰安婦」嗎？怎麼沒有聽到李慶華、馮滬祥等人出來替她們講話呢？

比較到這裡，我終於恍然大悟，原來李慶華這些人，不是真的具有什麼人道精神，也不是真的在關心台灣的慰安婦，說穿了他們只是一種反日情結的發酵而已，只要一有反日的機會，他們就會立刻像乩童一樣「起童」。而且如果別人沒有像他們那樣反日仇日，別人就是漢奸走狗日本奴。這種霸道的中國文化真是可怕。

走筆至此，忽然接到鍾逸人老前輩的電話，他再三強調，許文龍先生所講的並沒有錯，這位當年當過日本「軍部囑託」的忘年之交告訴我，當時並無強迫當慰安婦的制度，「募兵」與「徵兵」是不一樣的。

王清峰等人找出的那兩位老婦人的口中，剛好也做了證明，她們是被「騙」去的，不是被強徵去的，所以爭議的問題應該是在定義的問題。

　　我這篇不能滿足反日仇日的民族情緒的文章，可能要被馮滬祥、李慶華等人辱罵成日本奴，馮滬祥、李慶華如果真想知道我是不是日本奴，請你們先去讀我所寫的抗日份子的傳記《台灣革命僧林秋梧》，再來罵人如何？

（原載於2月26日自立晚報）

草率踐踏本省人的言論思想
——斥外省中國人二報的盲目行為

宋澤萊／台灣新本土社成員、台灣中社成員、台灣作家

這幾天，台灣的報界以外省中國人的聯合、中時爲首，對《台灣論》展開批鬥，由於找不到日本人可以發洩其反日情緒，直接找到本省人的祖父輩許文龍、蔡焜燦頭上，虛構渲染「慰安婦全屬自願」說，以頭版或言論版攻擊他們。剛一開始，報紙只配合逢日必反的機器人謝啓大等開記者會，後來又配合外省中國人的政治媳婦王清峰，到處作秀，竭力把一件小小的事，把一撮人的照片在報紙放大，使它看來虎虎生風，煞有介事，把可以理性討論的事變成殘酷的鬥爭。

從紙上運動來看，二報是成功的，它們引動了一些缺乏大腦的本省報紙及騎牆電視媒體也努力鬥爭本省人的長輩，迫令本省人相互廝殺，手段高明甚於大義滅親。我看外省中國人可以偷偷開香檳慶祝了，眞的，可以乾一杯了！

許文龍是一個被犧牲的人，他不但要憤怒外省人對他的迭次言論拷打（有甚於白色恐怖），而且還要眼睜睜看著被洗腦的本省人子弟也鬥爭他，這種滋味一定很不好受。可是攻

擊的人是不會感到被攻擊的人的痛苦的，人類和獸類本來就相差無幾。

從整個事件來看，許文龍對慰安婦所做的論斷並沒有錯，他是從「幾個」慰安婦那兒得到的結論，並沒有說「全部」（全部是不可能的），外省人政治媳婦王清峰也一樣只問了幾個；所以有討論的空間。外省人二報及統派立委、媒體如此做，只是一種文字獄，完全師承蔣家白色恐怖政治的那套伎倆，它不懂得商量、請教，也不懂禮貌、禮節，相當草率粗魯，鬥了再說就對了。我們害怕的是，將來老一輩的本省人是否還敢說出心底話？

再從一個言論公平的立場上來說，其實像許文龍這些本省人的祖父輩，無情的時代已整整埋葬他們五十年，他們很少吐露自己的思想，大多如同啞者，也許不到幾年，他們就離開此一痛苦的人間。台灣的阿嬤固然需要說話，阿公更需要說話，外省中國人發動的二二八事件迫令他們五十年不敢開口，如今又禁止他們談他們的時代，這豈不是又添一樁外省中國人媒體的罪孽，我看外省人媒體的罪孽已經太深太深了。

在過程中，身為旁觀者的本省人的我特別覺得奇怪，為什麼本省人的阿嬤（慰安婦）竟變成了外省人的工具，我總想阿嬤和阿公可以坐下來談，或由自己的子弟來裁決，為什麼要外省人來干涉？我想不通！

真正的原因恐怕是，外省人害怕《台灣論》把蔣家在台

灣的暴行寫得太清楚，外省人才利用慰安婦一事來鬧事吧，外省人的目的是要台灣人禁看這本書吧？可是如今出版自由，恐怕也沒有查禁任何書的道理，外省人的想法也未免太天真了。

我們擔心的是，不久「軍中樂園」的事恐怕就要爆發，蔣家國府時代有近萬個左右的本省女孩也「被迫」成為「慰安婦」！這件事早晚都要被掀開的，我要祈禱外省中國人能夠經得起這件事的衝擊！

（原載於2月27日台灣日報）

「仇日」加上「反扁」，
許文龍事件引發政爭？

台灣日報社論

　　日本漫畫家小林善紀的《台灣論》引述奇美公司董事長、總統府資政許文龍有關慰安婦的談話，少數人士的攻訐舉措，儼然已是「聲討國賊」的批鬥手段，有人當眾焚燒日本國旗、許文龍的芻像，有人發起拒買奇美產品，台北地檢署則有檢察官揚言分案偵辦許文龍是否觸犯誹謗亡者罪，立法院法制委員會甚至決議函請總統府查明原委，否則將以多數決方式，要求總統府官員到院報告；整個事件的發展詭譎，堪稱惡質政治文化的具體表徵，民進黨主席謝長廷不禁感慨，這是蓄意在把人權事件扭曲成為政黨對立。

　　台灣是個尊重言論自由的人權社會，許文龍對於慰安婦的談話容或不當，也是屬於可受社會公評的範疇，絕不是嚴重到侵害國家利益、踐踏人權尊嚴的刑事現行犯，然部份政黨、少數團體的若干人士，卻以捍衛「歷史正義」、保衛「人權尊嚴」為名，合理化了政治批鬥的惡質行徑；許文龍遲於公開說明以釋群疑，縱然可議，但對許文龍的無情無理批鬥

手段，卻是可責。

　　就算許文龍說錯了話，少數罵他的人卻是做錯了事，甚至還可能是犯了罪。那些遷怒於小林善紀而當眾焚燒日本國旗的抗議民眾，其實已經觸犯刑法第一百八十八條的侮辱外籍旗章罪，至於燃燒許文龍芻像、拒買奇美產品的諸般行徑，則是民國初年「除國賊」、「殺漢奸」的狂熱民族主義翻版，也是中共搞的文化大革命的那一套，在在嚴重扞格於台灣的政治時空背景，真不知道到底誰在羞辱台灣？國民黨統治之下的台灣政治生態，已經深受鬥爭文化之害，怎麼還在新的世紀借屍還魂？

　　許文龍的個人談話受到質疑，如何扯得上陳總統、民進黨的罵名？許文龍並非是在總統府內的資政會議發表慰安婦談話，也不是以總統府資政的身份接受小林善紀的訪問，少數在野人士如何能逼許文龍除名資政？若干人猛批許文龍之前，坦承沒有看過、不屑於看《台灣論》一書，這等「打群架」的起鬨心態，豈不荒謬？

　　社會價值的全被打亂，只因為許文龍在總統選舉之時公開支持陳水扁？事實上，包括挺扁甚力的中研院長李遠哲在總統選後遭到少數在野人士的藉詞刁難、秋後算帳，甚至編造、羅織莫須有罪名；許文龍支持陳水扁之後，奇美企業的大陸廠區隨即遭到中國監控，如今又遭台灣少數在野人士的託辭羞辱，試問箇中還有公理存在嗎？

　　「仇日」加上「反扁」的激情催化，造成慰安婦事件的偏

離人權範疇，台灣社會不應該用這種態度面對歷史問題，在野人士更不應該炒作台北市公娼問題之後，又再利用慰安婦問題做為政治工具。

（原載於2月27日台灣日報）

中國政治慰安婦

自由時報自由談

《台灣論》引發的風波，在部分特定政治人士的誤導下，已經逐漸超出爲慰安婦討公道的社會抗爭，而是變質爲一種赤裸裸的政治鬥爭，是親中派與親日派的矛盾，聽不到認同台灣的眞正聲音。

因爲是政治鬥爭，所以這些政客在以人道的理由爲慰安婦奔走的同時，卻絕口不提十多年前才在台灣消失的軍中樂園，更看不到那些在國防部特約茶室中，或者定期被運到外島「爲國捐軀」的可憐軍妓。

魏京生對《台灣論》這種連極右納粹團體都不敢合理化戰爭罪行的言論，感到太過分，不明白爲何台灣會有此怪現象。其實，魏京生不了解的怪現象，在台灣還多得是，《台灣論》中所提到的僅是小兒科而已。

在台灣，有人聽到美英轟炸伊拉克，就跑去美國在台協會抗議燒美國國旗，但是中國以導彈恫嚇台灣，這些人卻毫無感覺。李登輝也不過是以私人身分訪問美國，中國就以導彈伺候，甚至連他卸任後都「不准」出國，面對如此鴨霸的

中國，那些抗議許文龍、小林善紀的政客的表現，不就像是
中國的「政治慰安婦」？

（轉載自2月27日自由時報）

自願與自覺：詮釋之困境

許麗芳／彰化師大國文系助理教授

　　小林善紀《臺灣論》引述總統府資政許文龍對台籍慰安婦之言論引起各界抗議，主要爭執點即在於自願之說法，當事人固有辛酸備嚐之滄桑經歷，而許資政卻亦強調有其個人認知，以爲當時確有父母因家計困難而賣女之部份現象，二者均強調有其認知角度與事實依據。

　　值得注意的是，政治人物藉由昔日慰安婦之歷史悲劇所作之詮釋與反應，在此爭議出現之前，所極力向日本政府爭取的，乃人道尊重與正式道歉，於此，殖民剝削／女性自主等而齊觀，亦從而具有強烈之政治意涵，然許資政所謂父母賣女之說一出，卻更改此一論述基調，影響女性自主與尊嚴的因素，再度回歸父權之主宰，似乎令積極向日抗議、爭取尊嚴之政治工作者頓失主張依據，各人對國族之認同各有定位，對客觀史事亦因而各有解釋，亦不斷引起不同政治立場者之論述與爭辯，然就女性自主之層面言，其人於某種時代環境之下所作之決定與面臨之困境，往往才是應重視的，不管此因素來源是個人家庭或當時社會。

　　不可否認的，無論今昔，有些女性之所以委身煙花，的確是為家庭而犧牲個人，當外界字斟句酌，大加撻伐父權之時，又該如何詮釋這些女性之自覺呢？其人之所以願意犧牲自己尊嚴與青春，往往僅為一個單純的願望，即家人可藉以獲得安頓，至於當事人有否感受被剝削，有否意識自主權之受到傷害，實有思考之處。至於自主或自覺，大多是旁人之詮解，而此類詮解有時亦僅為某一目的而服務，當事人之尊嚴與傷害是否果真獲致與平復，亦大有疑問。

　　無論何種角度之認知，這些台籍慰安婦均是令人尊重與關心的長輩，無論是因時代背景或個人因素而產生此類悲劇，都應盡可能回歸客觀事實，亦皆應予以包容與重視，至於各抒己見式的詮釋或說法，及各取所需式的行動或言論，往往只是再度在時代悲劇與歷史傷口上撒鹽罷了，受傷的還是這些婦女，這是否又是另一種剝削呢？

（原載於2月27日自由時報）

新「三合一」敵人

陳茂雄 / 中山大學教授

　　小林善紀的《台灣論》在台灣出現後就引來法統勢力圍剿，而且他們每抨擊一件事情，必定將台灣意識、台獨、日本和在一起談。《台灣論》的華文版發行後，更出現慰安婦風波，法統立委藉機抨擊陳水扁，當天晚上法統勢力的電子媒體也全部出擊。凡是有害人權的暴行，都該受到譴責，為弱勢者討回公道的人更值得大家尊敬，但利用弱勢者施行政治鬥爭則比施暴者還可惡，因為他們正在推動另一波的暴行。日本在亞洲各地的暴行是應該聲討，但舊國民黨在台灣的暴行就應該放過？法統勢力向來就掩飾他們在台灣的暴行，但時時刻刻都在追討日本的過失。很顯然的，他們在推動政治鬥爭，不是主持正義。日本有「慰安婦」，舊國民黨政權有「軍中樂園」以及「軍中特約茶室」，法統勢力對「慰安婦」咬牙切齒，但對「軍中樂園」以及「軍中特約茶室」可曾有任何表示？難道那些弱女子都是自願的？由一個日本漫畫家轉述了許文龍以及蔡焜燦的話，就要陳水扁以及新政府負責，那二二八事件殘殺台灣人的元凶從未受到懲罰，更未

道歉，這些法統勢力什麼時候為被害者說過一句公道話？什麼時候對執政當局施過壓力？難道台灣人的命不值錢？事實上法統勢力的動作只是一場政治鬥爭，這些法統勢力失去既得利益之後，一直掙扎著要復辟，他們打擊的對象就是台獨與台灣意識，手段是先醜化日本人，再將台獨、台灣意識與日本綁在一起。

　　法統勢力執政時代，他們為了維持獨裁團體永遠執政，用各種惡劣手段來排除獨裁統治的障礙，用「三合一」敵人的口號來抑制反對勢力的成長。他們說，台獨、黨外人士、共匪都是同路人。以「共匪」的惡名來打擊台獨以及黨外人士，要台灣人唾棄反對勢力。可是對台灣人來說，未受到「共匪」的壓迫，所以對「共匪」既無好感，也無惡感。但曾經受過舊國民黨的壓迫，所以很能體會舊國民黨的醜惡。法統勢力費盡心機的「三合一」敵人口號，其效果未如預期。法統勢力為達到目的，一方面對台灣人施壓；一方面醜化「共匪」。只要台灣人在言詞上不仇視「共匪」，就會惹上「為匪宣傳」的罪名。另一方面，舊國民黨透過教育與媒體醜化「共匪」，以促使台灣人「仇匪恨匪」，台灣人的思想經過舊國民黨的毒化之後，有不少人真的與舊國民黨一起「仇匪恨匪」。到達這階段之後，舊國民黨又將台獨、黨外與「共匪」綁在一起，造成有不少台灣人對黨外勢力不具好感，民主運動因而延誤幾十年。現在真相已大白，台獨、黨外、「共匪」從未結合在一起，早期「共匪」在言詞上雖然支持台獨，但

他們只是要利用台獨來對抗舊國民黨（當時舊國民黨是對岸的首要敵人）而已，對台獨運動從未有實質性的幫助。倒是舊國民黨在失去既得利益之後，由「仇匪恨匪」轉變成「親匪」，被耍的還是台灣人。對法統勢力而言，台灣人終究不是自己的人，「共匪」雖然因內鬥而反目成仇，但還是自己的人，台灣人當然不如「共匪」來得親。

失去既得利益的舊國民黨勢力，最積極追求的就是「復辟」。讓他們失去「統治者」地位的是李登輝，所以他們第一大仇敵就是李前總統，但對他們「復辟」最大的阻力卻是台獨與台灣意識，所以他們想盡辦法來打擊台獨與台灣意識。他們除了以利益與台灣政客結合在一起外，更用各種方法來毒化一般台灣民眾的思想。其最普遍的手法就是醜化台獨與台灣意識，所以他們一方面醜化日本，再將台獨、台灣意識與日本綁在一起，形成新的「三合一」敵人。終戰前的多數台灣人的確不喜歡日本人，所以將中國當作「祖國」來期待。

可是當號稱「大家都是中國人」的舊國民黨佔領台灣之後，台灣人才發現中國人竟然遠比日本人還要惡劣。終戰前的日本人是將台灣當作自己的領土，所以用正常化的手段施政。而終戰後的舊國民黨是以戰勝者的心態來佔領台灣，因而產生「殖民」心態。在中國以及南洋地區，日軍是草菅人命，到處屠殺，可是在台灣的日軍，軍紀嚴明，從不侵犯百姓，倒是中國的軍隊不只軍紀奇差，各種擄掠行為一再出

現。法統勢力要台灣人往前看，忘了二二八事件，但又不准台灣人忘了南京大屠殺；責備日本在南京大屠殺竄改歷史，自己卻在二二八事件偽造歷史。法統勢力這種粗糙手法，如何醜化日本？如何建立「三合一」敵人？所以在利益結合方面法統勢力是成功，但在建立「三合一」敵人方面，不只未成功，還促使族群對立。這次《台灣論》的糾葛，的確是法統勢力建立「三合一」敵人的最佳時機。弱勢的台灣女子被壓迫，很容易引起群眾同情，加上台灣人個性單純，容易被政客利用，然而腦筋清楚的台灣人對法統勢力將又增加一份恨意。

愛台灣這塊土地的人都很清楚，台灣的唯一敵人就是對岸，而能幫助台灣對抗敵人的國家就是朋友，幫助敵人威脅台灣的人就是敵人，有智慧的人不會敵友不分。謝啓大說許文龍以及蔡焜燦的言論若是在韓國一定被殺，事實上韓國人要殺的是幫助敵人打壓自己人的政治勢力。台灣人較溫和，受了委屈只會自焚；法統勢力較兇惡，總統選輸了就要攻擊別人。台灣人若像法統勢力那麼兇惡，被殺的人絕不是許文龍與蔡焜燦。

（原載於2月27日自由時報）

是理性探討，還是文字獄？

楊百嶽／國會助理

在日本，漫畫家小林善紀的《台灣論》一書，雖然販賣的是一種政治理念，但在一個自由民主國家，卻純粹是一種商業行為，讀者買不買，概由市場機制決定，對其內容贊不贊同則是由讀者自己的判斷機制決定，因此儘管暢銷，儘管也有不同的看法，卻並未引起任何波瀾。不過在號稱新進民主國家的台灣，僅因其中幾頁有爭議性，在有心政客及特定媒體的聯合運作下，卻已演變成一場殘酷的政治鬥爭和對基本人權和自由權的無情踐踏。令人憂心！

在一個成熟的自由民主國家，人民的出版和言論自由權是被徹底保障的，而人民在享受這樣的權利之餘，對於與自己不同之觀點與主張亦必須給予相對的尊重，若認為已損及名譽或任何權益則應訴諸法律，但對其主張者（包括出版者、販賣者）之身家性命萬不能有絲毫之威脅與迫害，任何輿論場上激烈的攻防辯論都不應逾越此一大原則，否則整個國家的民主法治精神和價值體系將蕩然無存，屆時那些破壞者（不管是假藉何種神聖的名義）即便得到某種摧毀式及復

仇式的快感，國家和社會卻因此而更加沉淪不復了。

我們認為小林善紀《台灣論》一書中有關慰安婦的觀點和史實是應該也是非常值得探討的。觀點的對錯或許因人而異，言詞爭論在所難免；史實儘管模糊或受扭曲或甚至永難彰顯，也總存在著一個真假，等待大家認真去探討和虛心接受。然而不管是言詞爭論或探討史實，保持理性態度和嚴守自由民主法治精神應該是大家都必須遵循的大原則。但是今天我們看這整個事件的發展，實已遠遠超過此一範疇。我們看到部分媒體藉機以情緒字眼搧風點火，看到投機政客公然燒書、燒友邦國旗，甚至帶頭包圍和攻擊當事人的工廠、公佈當事人電話進行電話騷擾、威脅店家把當事人產品下架、帶頭包圍象徵一個社會之文化程度與言論自由度的出版社和書店等侵權行為，甚至看到有心人硬要把這樣一個單純的個人事件擴大成一網打盡的政治鬥爭和清算。這無疑是現代版的文字獄！過去許多國民黨時代文字獄的幫兇，今天雖然已經下台在野，卻仍不改粗魯蠻橫的惡習，一遇機會就結合特定媒體對不合己意者進行誅心、誅身甚至誅九族。遠的不說，光是新政府上台以來，對李遠哲院長如此，對呂秀蓮副總統如此，現在對許文龍先生也是如此，好像食髓知味，同樣的手法一再操弄，令人慨歎。這樣的事態演變，已讓台灣好不容易建立起來的開放民主社會受到嚴重衝擊。

我們必須嚴肅地提醒那些興風作浪的媒體和帶頭侵犯人權的政客，尤其是身為法律制定與保護者的立法委員，應立

刻回歸理性討論和停止這種紅衛兵式的惡質鬥爭，否則難免
會讓人懷疑她／他們動機的純正性，甚至是否刻意要摧毀台
灣的民主自由體制（相信的確有不少這種人）。尤其我們要呼
籲國人和有良心的媒體工作者，不管妳／你抱持著何種意識
型態或對此事件的看法如何，希望大家一起來維護我們自己
好不容易建立起來的自由民主法治規範，來捍衛言論和出版
自由的崇高價值，還給事件一個理性討論的空間。

（原載於2月28日台灣日報）

讓政客墮落的《台灣論》

王美琇/TNT電台理事、文字工作者

　　一本《台灣論》中的慰安婦問題，可以讓媒體連炒幾天仍未落幕，其中大有學問。在探究其中「學問」之前，我要先向前衛出版社的林文欽先生恭賀，竟然所有的電子與平面媒體，都免費替他作了好幾天的廣告。

　　慰安婦問題人人關心，但是這次會讓馮滬祥等政客如此賣力演出，長期觀察媒體與政治的人，一看就知道其中問題何在。馮滬祥、李慶華、謝啓大等人，深諳台灣的媒體生態，巧妙地將仇日情節，政治鬥爭與慰安婦連結在一起，而這正是統派媒體最有興趣的議題。如果只有慰安婦問題，媒體興趣缺缺，此次中國時報與聯合報會提到頭版頭條和擴大版面處理，其他電視媒體皆以頭條新聞報導了好幾天，當然是因爲其中有政治鬥爭與仇日情結的「新聞點」。

　　許文龍在書中的一句話，會引起軒然大波，並不只是慰安的史實部份；更重要的是，許文龍先生是陳水扁總統的總統府資政。這才是政治鬥爭最重要的部份，這才是統派媒體眞正想要的「新聞」。所謂「打蛇要打七寸」，這些統派媒體

與統派政客，為了要鬥臭鬥垮阿扁體制，每天就如同嗜血鯊魚，一聞到血腥味，他們一定奮不顧身「出」下去。許文龍當然只是犧牲者，他們的目的是針對陳水扁政府而來。只要稍稍看這兩天的新聞發展，已經拉高到要陳總統辭退資政許文龍、要新聞局查禁此書、要行政院長表態、在國會議堂大放厥詞等等，就可以印證我的觀察。更可悲的是，統派電子媒體緊追不捨向阿扁政府「逼供」態勢與全力配合政客演出，簡直已經到了匪夷所思的地步。這九個月以來，每個人都知道我們的媒體嚴重墮落，但是，會墮落到這種地步，真是非我筆墨所能形容。

稍有新聞訓練與修養的人都知道，一件有爭議的新聞事件，應該正反兩面反覆查證，以求公正專業。許文龍先生在記者會上其實是講出了史實的一部份，也許未臻全貌，不過新聞要呈現給人民的，不就是「還原慰安婦的歷史真相」？請問哪一家媒體去追查這段歷史真相？哪一家媒體去走訪歷史學者與至今仍活著的時代見證人？有嗎？沒有！我們的媒體，有興趣的是政治鬥爭，只要目標是新政府，就「全力以攻」！這就是現今最最惡質與墮落的媒體生態。

其次就是政客的嘴臉。看著馮滬祥等人到出版社抗議，口喊著：「我們要維護台灣人的尊嚴！」實在慘不忍睹。他們真的那麼在乎台灣人的尊嚴嗎？當中共對我們恐嚇叫囂時，馮滬祥在哪裡？在北京朝貢。當二二八受難家屬要求平反歷史時，李慶華在哪裡？當台灣五〇年代「軍中茶室」的

「慰安婦」至今仍在黑暗中哭泣時，謝啓大，你又在哪裡？這些婦女的人權你們不關心嗎？政治受難者的人權你們不關心嗎？當然不必關心，因爲沒有新聞點，因爲沒有政治鬥爭的額外收穫。這就是政客的嘴臉。

再者是仇日情結。我所受的歷史教育，是相當仇日的歷史教育，使得我從小對父親的崇日情愫深惡痛絕；也造成很長一段時間，我無法與父親溝通。長大以後，逐漸知道歷史的眞相，也了解日據時代的眞實情況。當我終於可以明白「日本精神」四個字，對於我父親的影響與意義時，父親卻已經辭世。錯誤的歷史教育，對我所造成的傷害與遺憾，至今仍無法彌補。

李慶華與馮滬祥等人的仇日心態，或許與歷史教育有關，也或許與他們上一代的戰爭仇恨有關。無論如何，將錯誤的歷史仇恨丟給下一代，讓他們在「哈日」與「仇日」之間面臨人格分裂與精神錯亂，是最不負責任的做法。更何況，將仇日心態與慰安婦問題連結在一起炒作新聞牟取政治利益，這樣的政客行徑，除了鄙視再鄙視，我已經無話可說。

（原載於2月28日台灣日報）

頂著社運桂冠行政治鬥爭之實

劉明堂／台灣日報記者

　　《台灣論》的爭議，在部份政治人物刻意扭曲、渲染，及媒體的推波助瀾下，把矛頭指自奇美董事長許文龍，一味地撻伐、圍剿，頂著冠冕堂皇的「國家、民族大義」藉口，上街燒書有之、登門叫囂有之、焚燒芻像洩憤有之，還有不准人賣書、賣包子的，有人點名許文龍請辭資政、有人要他切腹自殺，「賣國賊」、「漢奸」的字眼似乎還不夠滿足這些人的口慾，有的電子媒體還幫腔搭調，責怪書店、超商怎麼不配合，想不到這種中國式紅衛兵行徑在台灣上演，而且能橫行無阻。

　　幾年前「出版法」廢止，台灣的立論自由獲得肯定，可是為什麼現在禁止人家賣書的行為竟可以得到「英雄式」的報導？許文龍說出他個人親身耳聞的生活經驗，憑什麼政客、媒體、婦女團體就不准他講話？婦女團體為慰安婦爭取女性尊嚴的努力，當然值得肯定，可是「慰安婦」的歷史真相也應該還原，否則只是藉著稻草人發洩，對婦運不見得有正面幫助。

　　許文龍親身耳聞的經歷，也是一種口述歷史的呈現，當
然也可能只是部份的片斷，如果有什麼不對，婦女團體應該
拿出慰安婦是被日軍逼迫、強抓民家婦女的史料史實，來反
駁《台灣論》及許文龍的說法，才有說服力，而不是頂著社
運桂冠行政治鬥爭之實。

　　對於一些藉機跳樑的政客，他們可以在中華民國國會替
中華人民共和國指責中華民國政府，但是卻指責一位歷史悲
劇的被殖民者對殖民統治者的感懷和生活經歷的憶往，扣之
以「賣國賊」的罪名，他們的「國」是在台灣的「中華民國」
還是另外一個「中華人民共和國」？如果說許文龍的情感是
「媚日」、「賣國」，諸多政客的「媚共」，不是更可成立「賣
台」罪名？

　　「基於人道理由」是相當美麗的藉口，為慰安婦討公道，
是人道的行為，那麼為什麼這些政客當初把替二二八受難家
屬討公道，批評為揭瘡疤、掀舊帳？政客們大喊要日本政府
道歉，為什麼沒看過他們對二二八事件的當權者國民黨、執
行屠殺的彭孟緝用同樣標準衡量？

　　人道豈有國籍、族群之分？政客的人道標準隨其私利而
異，台灣社會有必要忍受他們的叫囂嗎？

　　連日來電子媒體的報導，沒有看到還原歷史真相的努
力，只是隨著政客音樂起舞，社會公平的追求，竟然是強迫
一方俯首認罪的言論暴力，某家電視台報導，用詞竟是「某
某超商還是繼續販賣奇美的食品」，似乎滿心期待社會的對立

衝突，這樣的媒體其公器責任何在？社會良心尚存嗎？

（原載於2月28日台灣日報）

解讀慰安婦風波

孫慶餘

　　小林善紀是日本漫畫家，他的《台灣論》並非歷史，卻在台灣引起一場政治風暴，擴大成「反日」、「反奇美」、「反扁」的稻草人戰爭，在野聯盟集中火力，攻擊許文龍及扁政府，民進黨立委候選人及副總統呂秀蓮也莫名其妙跳出來炮火對內，替戰火加溫。而整件風波起因只不過是許文龍有關慰安婦的幾句閒談。

讓民進黨裡外不是人

　　閒談被畫入漫畫，竟能引起軒然巨波，當然是反對黨及媒體精心設計的結果。反對黨的目的是讓民進黨裡外不是人，一路爛到底，內政外交經濟社會等等「一無是處」，然後遭到「懲罰性投票」，然後反對黨組聯合內閣，名正言順要求接收政權。他們之選擇慰安婦問題切入，因為它的「道德性」可以利用。民眾只要閱讀相關著作如《萬曆十五年》，就知道

這是中國黨爭慣用的手法了。

《萬曆十五年》分析反對派如何對付張居正一派：或者指控他們當年選擇皇陵，不聽某些堪輿家意見，所以沒有選到吉穴，「意圖不利於皇統」；或者稱他們主持鄉試時，以舜禹相傳命題，是在暗示張居正「承接大明天命」。這些指控都是雞毛蒜皮，甚至是子虛烏有，卻被無限上綱為「叛君」、「叛國」，成為政治及道德的重大事件，關鍵就在集體炒作。黃仁宇稱此手法為「去皮見骨」。他說：「攻擊者常從小事開始，促使公眾注意，吸引其他人參加，使小事漸漸累積成大事，小問題轉化為道德的大問題。」「所有技術性問題，一經鬥爭發展，就被擴大成道德性問題。」其結果當然是張居正一派被鬥臭鬥倒。

而鬥臭張居正，幕後有皇帝撐腰。藉慰安婦問題鬥臭許文龍，幕後則有在野盟友的電子及平面媒體撐腰。羅馬俱樂部繼《成長的極限》之後發表《第一次全球革命》一書，探討當前世界問題的嚴重性，並提出解決世界問題的三大工具，其中之一就是負有社會責任的媒體。但該書對大眾媒體的角色卻相當悲觀，認為它們「不尊重職業道德」、「故意誤導民眾」、「沒有達到成熟而具責任感的境界」，「資訊自由、資訊激增及資訊多元化，使各種爭論冠以崇高理由，卻沒有真正贏家，而且爭執繼起不絕。」台灣政壇會是非多端，一波未平，一波又起，讓海外華人看台灣新聞，經常以為台灣朝不保夕，原因就在台灣的資訊自由被極度誤用，許

多媒體毫無整體社會責任感。

　　但許文龍幾句有關慰安婦的閒談，竟能無限上綱到鬥臭鬥垮的地步，不能不說是婦援團體強烈的「聖戰」心態，為別有用心的政客、政黨及媒體提供「道德正當性」。許文龍根據他的歷史經驗談歷史事實，雖然不免以偏概全，但將慰安婦問題當「聖戰」在打的人權團體同樣反應過度。他們只相信慰安婦供詞，不相信許文龍及老一輩台灣人的共同經驗，同時對許文龍的人格及誠信加以無情撻伐。這種反應讓人想到負傷而只求報復的野獸。

中國黨爭慣用手法

　　事實上，許文龍的人格及誠信絕對不比責備他的人更差，如果要問慰安婦與許文龍這些老一輩台灣人哪一方更不敢說真話，答案一定不是許文龍這邊。慰安婦問題根本與許文龍無關，人權團體竟會遷怒於他的幾句話，並把慰安婦提升到純厚無辜的聖壇羔羊（迫害者就是「男性」）地位，這與民族主義者以「被迫害」意識來凝聚戰鬥狂熱，已經相去不遠了。

　　《背叛女人的女人》一書指出，美國激進女性主義者經常誇張女性的受迫害，甚至藉此維繫集體「仇恨」。安德森《想像的共同體》一書則揭露，民族主義是「特殊的人造物」，是一種「想像的共同體」，民族的想像能在人們心中召喚出強烈

的歷史宿命感，並認為自己對它負有責任：其中殖民地的民族主義（民族主義浪潮的最後一波）尤須藉助「被迫害」的共同想像，來凝聚「盜版的民族主義」，因此這個最後一波的民族主義也特別激進。而女性主義正好接續了這波浪潮，把女權運動當做殖民地民族主義運動在打，男性成為「最後的殖民者」。類似慰安婦問題全被高懸為神聖不可侵犯的「禁忌」（在原始社會中，無心觸犯「禁忌」者，同樣要受重罰，許文龍的情形正是如此），也就可想而知。

政治幼稚病令人憂心

慰安婦——政客——人權團體——媒體的生物鏈關係，將不是歷史的《台灣論》漫畫炒作成政治風暴。它的目標（或說獵物）就是反日——反許文龍——反扁——顛覆民進黨政府，延續社會及政治動盪，最後反對黨順理成章接收政權。整個鬥爭過程如同《萬曆十五年》，是層層而上，步步發展的。不幸從來沒有戰略思考深度的民進黨立委候選人，特別是女性從政者，竟然加入反對黨設計的戰爭，為了自己搶奪媒體光環，而不惜替埋葬民進黨政權的棺木釘下最後一根釘子。這種政治幼稚病才是民進黨最令人憂心之處。

（原載於3月2日台灣日報）

《台灣論》爭論，
民族精神教育總驗收？

陳怡宏 / 台灣大學史研所研究生暨台灣歷史研究電子報主編

　　這一陣子日本漫畫家小林善紀之《台灣論》的內容引起各方關注，而最近又將值二二八事件的五十四週年紀念，筆者認為此時是最適合探討「殖民」與「戰爭」的時機。如仔細觀察這場《台灣論》論戰中的各方勢力，可輕易發現：原來台灣史的解釋權是掌握在各色民族主義者的手上，結果台灣史彷彿成了薩依德（Said）所說的東方主義的台灣版，即他們（此處可指台灣人）無法表述自己，他們必須被別人表述（Said轉引自馬克思），這次論爭倒成了過去殖民政權在台灣的「民族精神」教育總驗收。

　　為何會有這些不同的民族主義信仰者呢？筆者認為此與二次大戰之性質息息相關。二次大戰是所謂的「總體戰」，各國為打贏戰爭，必須透過將國家權力直達民間社會，以達全國動員的目的。動員包括精神動員及物資、人力動員，精神動員是為了使人力自發地替國家犧牲，這可以中國所做的抗

日教育與日本在台灣所做的「皇民化」教育爲例，此種教育可說是塑造「國民」的民族精神教育。有趣的是，台灣由於原不是日本「大和民族」的範疇內，卻因屬於日本帝國的殖民地，故在戰爭期間也成了日本動員的一部份，此種動員包括皇民化教育。「皇民化」在1930年代後期如火如荼，教育在不同世代間有不同的影響，此次小林善紀提及的親日派台灣人，多是成長於戰中期，接受日本的皇民化教育，國家由於在近代後將教育權收歸己有，使得如台灣這類屬於別的「民族國家」的地區，其下一代被「他國（他民族）」教育成對他國效忠。

然而歷史是弔詭的，台灣戰後被戰爭期間的日本敵國「中國」接收，這使得台灣一方面自認爲是「中國人／戰勝者」，然而在二二八事件後，台灣人由於歷史傷痕對「國民黨政權」有著敵視，遂使許多受過日本教育的知識份子私下懷念起「日本」時代的美好記憶。而另一方面，由於歷史教育及解釋權仍掌握在新的外來政權手上，台灣的殖民歷史又再一次被完全改寫。國民黨接收了台灣日人的精神動員遺產，並將戰前台灣的皇民化教育，轉成反日反共的中國式教育（這是由於國民黨面臨國共內戰的新總體戰考驗），當然這段戰爭期的台灣史仍得不到絲毫反省。

換言之，總體戰體制造成了東方的民族主義情緒高漲，而1930年代到1990年代的台灣教育恰好是兩敵對民族主義權力交替的過程。

　　這些民族精神教育的成果，可由此次已經陷入瘋狂論爭得到驗收。現今台灣的不同「民族主義」信仰者藉由對台灣史的高度簡化及訴諸感情，而達到確證其信仰的目的，而台灣人立場的《台灣論》仍付之闕如。現在需要正視的是「台灣人無法表述自己」這一事實，開始認眞反省過去到底發生了什麼？爲何我會如此思考歷史？是否係因台灣人有著曾被殖民教育過的身體使然？

（原載於3月2日台灣日報）

愛恨日本非關本省外省

李幼新／影評家

　　小林善紀漫畫書《台灣論》台灣中文版新書發表會現場，有人提到台灣與朝鮮都受過日本殖民，戰後對日本的愛恨情仇迥異，自身的獨統分合主張台、韓也南轅北轍。他謙沖地講述了他個人的理解心得，在場有些學者也作了一些分析回應。

　　同樣不喜歡被日本殖民，同樣不苟同蔣氏王朝迫害，提問人與學者們對於同一個現象各有不同的體認與解讀，這才是對待一本書的最高明的方式，不受制於它，反倒超越了它。我看到很多位媒體記者認真地密密麻麻寫了一堆筆記，不巧的是撞上高行健旋風，擠不上報紙的版面。

　　不料，高行健離去後，媒體的新聞報導顯然導向／倒向某些人藉慰安婦受辱之名，行政治鬥爭之實，把一本無論你是否喜歡、是否同意但都可能激盪出多面向對話的書貼上種種的標籤，全然忽視即使壞書也能刺激你「鑑古今、知興替」的功能，反倒忙著替台灣本身的族群鬥爭加溫點火引爆。幸虧媒體開放給讀者的言論講台還能包容一些公正持平的聲

音，謝志偉教授、陳茂雄教授（以上見自由時報自由廣場）與吳崑玉先生（見中國時報言論廣場）的見解尤其精闢深刻。

陳教授洞悉「法統勢力」（他遣詞用字相當溫厚，在我看來根本就是蔣氏王朝及其餘孽！）以往把台獨、黨外人士、中共「三合一」為同路人來嚇唬台灣人民並鞏固獨裁政權；現今失勢的法統勢力一面醜化日本，一面把日本、台獨、台灣意識結成新的「三合一」繼續抹黑。吳先生文章中提到「老一輩的台灣人崇拜化過妝的日本統治者；老一輩的外省人，手砍過嗜血瘋狂的小日本。誰都沒錯，只不過當年在兩個地方以兩種面貌出現而已」。陳教授還指出「法統勢力要台灣人往前看，忘了二二八事件，但又不准台灣人忘了南京大屠殺；責備日本在南京大屠殺竄改歷史，自己卻在二二八事件偽造歷史」。對於這些發人深省的卓見，我想補充幾句。蔣氏王朝及其餘孽何止偽造二二八事件的歷史而已？白色恐怖的諸多證據不早也被湮沒了？雷震的獄中日記又在何方呢？

近二十年來，我在為我媽媽作口述歷史。她1917年生在南京，幾天後被帶回江蘇鄉鎮度過成長歲月，後來在上海結婚定居。以她所經歷的那個時代、所接觸的中國很多地方的人民，無論是1949年來台灣的外省人，或是沒來台灣的中國人，十之八九對於中國民族主義其實沒啥概念、甚至相當冷淡。

我最受不了當今台灣毫無根據地兩極化分類，彷彿果真

本省人親日、外省人仇日似的，要不然就二二八屠殺只是本省人永遠的痛，南京大屠殺是外省人一輩子的恨。其實老一輩的外省人也未必仇日，奇怪的是怎麼不見有誰去認真研究探討呢？經由我媽媽的閱歷見聞，我試著揣測分析，至少有幾個不該被忽略的現象。

一是「日本」（比較周延的說法應是二次大戰時期軍國主義的日本，請某些人不要蠻橫跋扈地自行擴張到所有年紀所有世代各類意識型態的日本人）在南京搞大屠殺，並沒有在上海、江蘇、北京、蒙古、新疆……如出一轍，二次大戰期間的日本何止是對台灣、對中國有差別待遇？單就中國淪陷區各地，日本的暴虐或懷柔也不盡相同啊！日本或許是策略運用、因地制宜；你不喜歡也不妨說是在搞「分化」。

二是人性的自私。南京以外的中國人民，有些人感同身受，有些人事不關己，這是不爭的事實。要說全中國人一條心，那是神話。我不知道什麼時候什麼地方是誰居然強姦了眾人意志，把它說成全中國人（或者所有的外省人）一致的悲憤？我並非在此羞辱那些有恨有痛的人，而是要提醒，倘若中國人果真這麼有共識，不必等到共產黨坐大，甚至不必等到被日本入侵，早就先把在中國作威作福、搞暗殺與屠殺的蔣氏王朝推翻掉了。

同樣，當今的台灣人如果看到別人受難就痛苦就警惕，台灣還會有從王迎先到蘇建和層出不窮的被刑求逼供、屈打成招的冤獄案嗎？別人家的男孩服兵役死得不明不白或是被

迫害得不得好死，你認定這種倒楣事永遠不會發生在自家身上，所以多少年來軍中人權始終不彰，不都是人性的自私嗎？且看台灣中央編列給地方政府的預算款項，不依面積大小、人口多少或實際需要分配，台北市永遠得了便宜還賣乖，你幾時見過台北市長、議長、人民幫其他縣市討回公道的？平時的不平等讓彼此積怨已深，又怎能期待戰爭與屠殺就突然凝聚共識呢？

三是你可知道你可記得二次大戰結束，淪陷區的中國人民滿懷熱望擁抱那個「要別人捨身報國、自己卻逃跑得比誰都快」的蔣氏王朝（祖國？！）時，非但錢幣的兌換（國民政府中央鈔票與淪陷區的『偽幣』間）讓淪陷區的人民再一次被宰割，而且工作機會、職務優劣、（被）信任程度，從當時既沉痛又諷刺的流行話語「人要重慶人，貨要美國貨」可見一斑。

中國人民在被日本人踐踏過後，蔣氏王朝這種祖國非但沒有疼惜撫慰，反倒落井下石，變本加厲愚弄迫害。留在大陸的中國人或是定居台灣的外省人為什麼要跟蔣氏王朝「共識」去仇日呢？仇日當然可能，若要「共識」，恐怕先要迫不及待地「共識」去恨眼前的蔣氏王朝吧！我倒不是勸誰不要去聲討南京大屠殺，而是建議，如果有誰這麼熱心（這年頭熱心的人已不多見了），與其責怪人民冥頑不靈，倒不如先去檢討是誰讓人民這麼意興闌珊、心碎心冷的啊？1949年左右，蔣氏王朝在台灣貶老台幣、揚新台幣，不也是搞得讓人

辛苦一生的心血積蓄都形同廢紙、化爲烏有嗎？輕率兇悍地把媚日的帳算到本省人或是台灣意識的頭上，根本就是無理取鬧嘛！

蔣介石明明是統獨兩派都深惡痛絕的獨裁暴君，奇怪的是居心叵測的人偏要簡化成只有建國黨、民進黨等台獨人士討厭他，怎麼不去問問統派的李敖、陳映眞與勞動黨，不也是跟他不共戴天嗎？類似希特勒的魔頭，如果在德國還能被供奉在廟堂嗎？寸土寸金、死人跟活人爭地的台灣，居然可以縱容蔣介石盤據中正紀念堂與慈湖兩處廣闊空間，他生前爲人間製造了多少孤兒寡婦，他跟他的爪牙爲了滅口連嬰兒都殺，如此功業還不足以跟南京大屠殺相互輝映嗎？怎麼不見有人聲討呢？作家馮光遠對許文龍的「慰安婦自願說」引起風波的眉批有「哇！連馮滬祥之流都跳出來談人權」句，此話怎講？白色恐怖期間向情治單位告密構陷給人戴紅帽子的人，現在又在喊捉賊了。蔣氏王朝早已崩塌，餘孽依然囂張，眞是此恨綿綿無盡期啊！

（原載於3月2日自由時報）

歷史問題不應過度泛政治化

永山英樹／日本作家

　　日前在台灣出版小林善紀《台灣論》的中文版裡，關於許文龍等人對慰安婦問題所引發的爭論一事，許氏在二月二十五日舉行記者會，我在日本十分關心地透過衛星電視畫面看到記者會的內容。

　　我是戰後出生的日本人，對戰爭當時的情況不是很清楚，但是以下幾點可以斷定是事實。

　　一、最早把日本官方所參與所謂「強制連行」問題（編按：「強制連行」爲日語漢字，中文相對譯爲「遭脅迫被強行帶走」，較直接的說法即爲「強徵慰安婦」問題）提出來的是戰爭結束三十幾年後，由吉田清治在1983年寫的一本「私の戰爭犯罪――朝鮮人強制連行」的書。書中的內容則是吉田本人在戰爭期間，在韓國從事「強制連行」的自述。

　　二、後來，經過對當地居民進行調查才知道，書中的指控都不是事實，連吉田本人也不得不承認自己在說謊話。但是這本書在當時已經成爲日本國內左派勢力和新聞媒體攻擊政府的重要根據，也變成韓國、中國在對付日本談判的外交

伎倆，加上左派知識份子大力地煽風點火之下，來自亞洲各國各式各樣虛虛實實的受害證言被提了出來，世間也不經思考就認為都是事實，而提出反論的歷史學家，卻立刻被貼上「軍國主義」、「反人權」、「蔑視女性」等標籤，到今天日本還充滿著一股不能允許公眾議論的歇斯底里般控制言論的空氣（台灣是否也一樣？）

三、1993年，河野洋平外相受到韓國的要求，發表了承認日本官方參與「強制連行」的談話（調查結果）。事實上，調查是空其名，只是基於為避免爭執的外交考慮而已。實際上日本政府在回答1997年的國會質詢時，承認調查當中無法確認有「強制連行」的證據資料。儘管如此，「河野談話」成無法改變的「政府意見」，教科書中就記載著「強制連行」的事情，造成各國慰安婦爭相地要求賠償的一連串動作。

四、至於日本政府確實進行「強制連行」乙事，尚未有「罪證確鑿的學術性證據」（目前左派知識份子也已很少提起「強制連行」這四個字），台灣中央研究院的研究員所提出的資料，我認為並不能證明有「強制連行」的事實。現階段最有說服力的證據莫過於部份來自慰安婦的證言罷了。本來我不想去懷疑她們所言非實，可是令人驚訝的是，大多數的日本或是台灣的年長者，在當時並未親眼耳聞「強制連行」的事實也是不容否定的（但對公娼、私娼之事卻是不爭事實），更何況現在他們並未被給予任何發言表達的機會。

承上所述，我個人認為不應該將此歷史問題做過度泛政

治化——不管與事實有沒有關聯性，企圖憑著大聲威嚇打倒對方的觀念——是不智之舉。既然存在「肯定」與「否定」兩種意見的情況下，首先雙方要虛心地進行充份的議論，並利用科學的方法去追究事實才是當務之急不是嗎？本人對於此次許氏的發言之是非暫且不論，不如將其發言視為是為了引發議論而提出此不可多得的問題來看待的話，不知各位台灣人意下如何？

（原載於3月3日台灣日報）

擋住小林，歡迎老共！
這是什麼政府？

胡長松／台灣新本土社成員，台灣作家

　　邇聞內政部可能做出決議，限制《台灣論》作者小林善紀先生來台，一場本可被期待的台灣多元史觀對話，演變至此，令人扼腕。

　　確保不同立場者有說話的機會，提供民眾更多認知與討論的管道，這應是言論、出版自由以及民主、多元社會可貴的地方。台灣的歷史，特別是日治時期的歷史，被外省政權禁錮了幾十年，二二八事件和接下來的白色恐怖，已讓本省阿公的一代噤若寒蟬。因此，許文龍、蔡焜燦這幾位先生，好不容易願意就自己的經驗對那個時代發表看法，我們是應當加以珍視的。請別忘了，他們是真正活過那個時代的歷史見證者！本來，其中關於慰安婦的談話就是可以再討論的，他們的看法不管如何，都可以作為我們認識歷史、釐清歷史很好的參考，但這些談話卻被外省政客、媒體用來作為政治鬥爭籌碼，並且更加的傷害慰安婦，確實令人側目。以後，

還有本省阿公願意向我們述說他們的經驗與看法嗎？恐怕這些政客、媒體是要把阿公們徹底消音才甘心吧！

在《台灣論》裡，小林善紀寫到了不少日治時期的台灣歷史，且表明了日本政府的殖民者立場；另一方面，他對兩蔣的威權統治做了敘述，也對近年台灣民主化的成果表達善意的肯定。這樣的史觀正足以提供台灣民眾很好的參考。但外省政客卻藉口慰安婦的問題來焚書、要書店禁賣，甚至向政府施壓禁書、禁止小林善紀先生來訪。多麼教人不可思議的反民主！

外省中國人說：「小林善紀是日本軍國主義者。」外省中國人可以這麼說，畢竟，小林善紀先生強調日本的國家利益，批評中國可說不遺餘力，而這些外省政客、媒體視中國為真正的祖國，他們會這麼說是可以理解的。這是個民主的時代，我們可以尊重這種看法。但同樣地，我們當然也可以說，對於台灣本省人而言，外省政權是大中國軍國主義者，同樣也曾是殖民者；而且，和前一個殖民政權比起來，曾經殘害過更多本省人，二二八事件不是例證嗎？這麼說，只是希望你尊重，這只是史觀的不同，端看各人選擇。

這個社會並非只有外省人的史觀而已，還有台灣本省人的史觀。當然中國人、日本人、美國人，也可以有他們對台灣的史觀，這沒什麼問題。既然台灣的歷史被壓抑了這麼多年，多存在一些史觀來讓台灣人比較、思考、研究，透過和各國人士之間的交流來充實我們的認知、表達我們的看法，

又未嘗不是好事？

正因為如此，一天到晚對台灣文攻武嚇的中國，他們的歷史學者都能訪台，為什麼對台灣具備善意的小林善紀先生就不能訪台呢？筆者不懂。不過，筆者猜測，或許是外省中國政客、媒體，怕小林善紀先生又要說出什麼讓他們難堪的真相吧！或者，不願本省阿公們藉此多講出一些什麼吧！這裡頭，我們不難想見，他們獨尊一家的文化優越心態至今未改。

照這樣下去，是不是永遠只有他們可以說話、可以邀請訪客，而別人都不可以呢？難道他們以為現在還是以前那個獨裁封閉的時代嗎？政府官員們，請大可不必隨之起舞，應該要好好三思了。

（原載於3月3日台灣日報）

從慰安婦事件看性別文化的基礎建設

蘇芊玲／婦女新知基金會董事長

　　婦女運動以及女性主義最大的貢獻之一，在於重現在長久歷史中匿跡或被噤聲的女性身影，讓歷史不再只是「男性的故事」（history），而能儘量還原其多元複雜的面貌。從這個角度來看，勇敢現身的慰安婦阿媽，以及多年來陪伴阿媽，為她們作紀錄，幫她們討公道的團體／個人，都是最最值得尊敬與肯定的。

　　近日，因為日本漫畫家小林善紀的《台灣論》，引用許文龍先生關於慰安婦的談話，而引起各方的撻伐。許文龍先生最值得被檢討的，恐怕還不在於他的「以偏概全」（如果那確實是他所知道的部分事實），也不是他的「親日情結」（那其中有諸多複雜的歷史成因），而是他的「性別盲點」。如果許文龍先生在過去八、九年當中，曾經對慰安婦的議題有一絲絲的關心了解，知道慰安婦在追討公道的過程中所遭受的挫折辛苦，他就不會在被訪問時，只講他在五、六十年前所知道的那一點事實，而沒有好好利用機會為近十年來這一大群「非自願的」阿媽討回公道。如果許文龍先生有一些些性別平

等意識的話，即使是在陳述數十年前的社會狀況，他的話也不會只講了一半。因為如果真有些父母為了家庭經濟因素，不得不賣女兒，他怎麼沒有想到，為什麼被賣出去的都是女兒？而從中得到一絲啟示，開始做一點什麼來提升婦女的地位。

這樣的性別盲點，其實不分黨派、不分世代、甚至不分性別地存在於許多人身上。他／她們或許具有其他的專長，也對社會有所貢獻，卻從來不曾真正關心過任何女性的議題，對性別的重新學習也從來排不上他／她們繁忙的日程表。很遺憾的，這也是某些歷史雖已被還原，還是帶不來教訓的主因。事實上，慰安婦的存在反映的不僅是惡質的軍國／殖民主義，也是重男輕女的男性文化。養女制度也是一樣，軍中樂園又何嘗不是？有人可能會說，那些都是從前的事，現在已經大不相同。但一切真的都已改觀了嗎？借助高科技先行預測出胎兒性別、而被墮掉的為何都是女孩？性侵害事件中為何有超過百分之九十五的受害者是女性？其中百分之六十還是未成年的女童／青少女？家庭暴力事件中，以毆妻所佔的比例最高。諷刺的是，夫殺妻仍遠高於妻殺夫，丈夫可以因為各種原因把妻子殺了，而在殺夫案件中，最大的原因卻是妻子不堪丈夫的長期虐待。有沒有人知道，根據聯合國統計，在承平時代，死於性別暴力的女人，其累計數目已經遠比因戰爭而死的人數還多？

這些就具體存在於現今當下的性別事件，為何得不到我

們社會的關注與重視？立法院已有將近兩年沒有認真審議過跟婦女權益有關的法案；推動性別平等教育所佔的預算最微薄可憐，今年還差一點被砍掉一半；性侵害犯罪防治法已通過四年，各縣市的性侵害防治中心還是無人無錢，讓無數受害婦女求助／救無門。

　　從這個角度來看，在這一波聲援慰安婦的激烈行動中，許多人其實都通不過性別正義的檢驗。而作為長期推動婦女權益的婦女團體，我們能做的，是在這一陣熱鬧過後，繼續跟阿媽們在一起，走那一條還看不到盡頭的路，也繼續從事那很少被鎂光燈照見、卻不做不行的許多性別工程基礎建設。

（原載於3月3日自由時報）

慰安婦的歷史迷失
——論台灣仇日錯亂情結症候群

江冠明／東華大學族群關係與文化研究所研究生

慰安婦論述情結迷思

如果台灣人曾經賣過女兒給妓院，許文龍就不需要道歉，因爲他沒有說錯話。最近慰安婦事件在媒體的蓄意炒作下，慰安婦成爲媒體二度強暴的對象，慰安婦被騙與否純粹是個人事件，無關國家尊嚴與否，許文龍說日本政府無須負責一事，有其論證邏輯。如果台灣人硬要把慰安婦歸罪於日本政府的錯，同理可推，近年來台灣人騙娶大陸新娘，或以假結婚名義來台賣入私娼作妓，也可以無限上綱論證爲台灣政府必須向中共政府道歉賠償。那麼，1987年間彩虹反雛妓運動，就可以詮釋爲全中國漢人對原住民的集體強暴，台灣政府與中共政府應該向原住民族全體道歉賠償。同樣，台灣軍人必須爲八三一事件，集體脫帽向台灣全體妓女鞠躬敬禮賠罪。

　　諷刺的是，台灣婦運團體爲何不敢也不願對大陸新娘、原住民雛妓和軍妓問題，展開批判言論，單單選擇慰安婦挑上奇美公司的許文龍？難道這樣選擇性是政治鬥爭的伎倆？藉慰安婦興風作浪推動仇日意識，婦援會淪爲政治鬥爭的工具，慰安婦淪爲鬥爭的政治籌碼，台統媒體成爲公然的強暴者，用鏡頭用文字二度強暴慰安婦。幾天來媒體所出現如氾濫洪流般的慰安婦新聞，批判言論有如戰場殺戮聲浪，的確令人感到不寒而慄的媒體強暴，以及台統份子藉此在街頭公然焚燒小林善紀《台灣論》一書，有如秦始皇焚書坑儒扼殺言論自由的暴虐。

　　女人被騙淪落風塵的故事，古今中外屢見不鮮，二十餘年來台灣女大學生屢屢媚外被洋人騙失身，時有傳聞，但是這些議題都可以定位爲國家尊嚴淪喪與否的議題嗎？從清代、日治時期到戰後，台灣女人地位與權益等各種議題，以現代女權運動的角度是值得批判反省之處，但是以慰安婦議題如此進行仇日論述是否恰當呢？同樣探討日軍的慰安婦同時，是否也該探討戰爭期間女性被異國軍人姦淫擄虐呢？戰爭期間與戰後佔領區的女性議題，台灣學界文化界曾經有過細密的研究與探討？

慰安婦論述國族尊嚴化的意識錯亂

　　一百年來，台灣社會變遷從清末、日治到現在歷經不同

朝代政權的更替，每個階段的女性議題都有其時代性與社會性，如童養媳、慰安婦、雛妓、檳榔西施、援助交際等等，其論述與探討的角度，是否該放置國族尊嚴的角度上嗎？或者應該扣緊在其社會脈絡與時代關聯上，這些是社會學者應該思考與反省的議題。如果延伸到現代女權運動的多元化發展的議題，以及高中女生援助交際或公娼職業保障等等自由論述，再加上性與色情的商品化與自由化，都是新女性論述必須面臨挑戰與瓶頸。在台灣上述的女性議題，已經在不同婦女團體間引發不同文化論述爭議，問題是不同時代的產物，可以簡單地用一套理論來詮釋嗎？台灣女性研究學界，究竟要用什麼樣的論述來詮釋百年來台灣女性的角色情境呢？女性議題如何與國族尊嚴扣連探討，「女性學」學者們可以好好坐下來舉辦一場學術研討會，重新檢討中華民族論如何建構在父系論述來併吞少數民族，或者王昭君和蕃的文化統戰戰略等等，當然從中華民族自卑意識看慰安婦論述建構，更是可以值得研究。

慰安婦難道只是自願與否的研究議題嗎？眼前慰安婦只是被政治濫用來鬥爭，用來作仇日的工具。慰安婦的爭論暴露台灣文化界的迷亂與不自重，不願在政治議題上去面對小林《台灣論》核心議題中日台三國處境、族群認同與國家認同的困惑，卻草率地剝削慰安婦生命史作為個人政爭與論述的墊腳石。這是慰安婦最可悲的地方，第一次被騙去當慰安婦，第二次被騙成為政治鬥爭的工具。慰安婦的歷史迷失，

值得台灣文化思想界好好反思，但是台灣統派急躁地想把慰安婦納編在抗日的台灣國族論述，將台灣人尊嚴放置在女性身體性關係的自願與否，顯得有點胡言胡語，幼稚荒謬可笑。如同把清朝的清日甲午戰爭，改寫成中日戰爭昇華成民族大義的史詩，用來虛擬一個偉大中華民族的屈辱，藉以激勵民族主義。問題是要不是清朝政府戰敗，引發革新與革命的思潮，那麼中華民國與中華人民共和國又何以產生呢？同理，民族主義與慰安婦的關聯，恐怕背後隱藏著仇日錯亂情結症候群現象。

台灣至今尚未出版與研究台灣娼妓史，甚至台灣公娼史，如何釐清台灣娼妓史與慰安婦史，都是有待查證的研究。許文龍說出當時賣女兒的事實，這是片段的歷史事實，確實也有如此現象存在，甚至到了1960、70年代報紙依然出現台灣父母賣女為妓的傳聞，甚至1980年代發展出熱愛雛妓的嫖妓行為，可見台灣「性」與「嫖妓」行為仍有許多領域待研究與批判。因此慰安婦是歷史時代產物，是可以被理解和認知，但是慰安婦口述史料的真確性與可信度，真的只能依賴口述者本身而無史實的爭議嗎？慰安婦史的建構並不能只建構在口述者，事實上當時社會制度和日本軍方的處置方式，都有相關連性，甚至慰安婦的命名與處置辦法，都有考慮「台灣慣習」因素，因此「慰安婦史」的建構是1930-40社會史的一部份，並不能僅就「民族尊嚴」的單一角度來評議。

斷章取義的慰安婦論述

但是，部份台灣文化界學術界對許文龍的批判，已經到了以偏蓋全扭曲歷史眞實，僅以部份慰安婦的口述，論證所有慰安婦都是被騙被捉的事實，誣指許文龍言論污衊。中研院社科院研究員朱德蘭批評《台灣論》竄改歷史污衊女性，完全忽略許文龍在書中言論的言論脈絡，書中許文龍的言論是藉慰安婦比較當時台灣民間被賣爲妓的事實，同時也探討戰後日本婦人淪爲美國軍人嫖妓的對象，許文龍是跨國際地泛論女性在戰亂中的差異歷史情境。

朱德蘭身爲中央學術單位研究員不僅忽略台灣社會史，更忽略台灣娼妓史與日本史脈絡，斷章取義只是就慰安婦自願與否極力批判，將許文龍的言論無限上綱擴大成對慰安婦的集體污衊。倘若具有專業學術研究能力的朱德蘭都如此斷章取義誤解與誤導《台灣論》，挾輿論優勢扭曲許文龍的論點，製造社會事端，不知其學術研究的良知爲何？更不知其爲學者的學術包容與知識涵養爲何？以朱德蘭憤怒在媒體批評論斷許文龍觀點，更何況統派知識份子和一般跳樑小丑的政客。

媒體斷章取義最嚴重莫過於聯合報的新聞，二月二十號聯合報第五版刊載部份摘錄的《台灣論》圖稿，刊登彷彿是一張完整摘錄的圖頁，然而該頁卻巧妙地拼貼來自102頁、

203頁與204頁等，這是斷章取義的媒體報導，刻意割裂每張畫頁來拼湊，藉此扭曲許文龍對慰安婦的論點，事實上，這種新聞處理手法才是真正污衊許文龍的言論。究竟誰在污衊慰安婦，恐怕借題發揮的人的心機才是真正的污衊者。唯有將朱德蘭等批評者與媒體記者的言論比照《台灣論》原書，才有可能釐清他們是怎麼在閱讀，究竟是誰在污衊？台灣讀者們如果看了報章言論想要焚書，請妳、你先看完再決定要不要燒這本書，若沒時間全書閱讀，煩請參看慰安婦議題章節前後文幾頁漫畫，不要讓自己成為人云亦云讀書不求甚解的糊塗蟲，或者淪為盲目的附從。

對抗《台灣論》的台統論述

觀察朱德蘭等以偏概全的歷史否定論，似乎已經到了昨非今是的全盤否定論證模式，這正是台灣中華民族史建構的歷史哲學，不願反省鴉片戰爭或甲午戰爭的敗戰原因，而歸罪於他人的過錯的意識型態。這也難怪小林犀利的筆鋒，直指閩南人相對中國北京政權，閩字中間有個蟲，台灣人稱閩南人在中國文字學與政治學詞彙裡是個關在門裡的蟲。要評小林論污衊台灣人，解析「閩」字的污衊遠比慰安婦來得嚴重，然而，為什麼探討《台灣論》對台灣的污衊會選擇慰安婦為議題呢？恐怕是一種對小林《台灣論》恐慌的陰謀，因為小林《台灣論》對中國霸權議題和中共、台灣與日本間的

三國關係，提出尖銳批判的論證，《台灣論》的暢銷會讓台灣人更具有台灣意識，這是統派知識份子最不樂意見到的發展。

飛碟電台訪問某學者，該學者正氣稟然批判許文龍不該如此說，報上訪問名小說家也說有失厚道，文化人批評日本人在台灣尋找日本精神是烏托邦，問題是歷史事實歸歷史事實，歷史評價歸歷史評價。台灣文化學術界似乎是濫情地同情弱者，只要誰能夠當眾哭得大聲，他就贏得同情心。這種媚俗的同情心，正是文化思想界需要釐清與分辨的地方，尤其是惡質地濫用，如將慰安婦泛政治化發揮成鬥爭議題。用哭泣的媚俗手法贏得社會認同，媒體也跟著刻意扭曲製造輿論，這是對知識智慧的污衊，過去台灣社會運動經常利用老弱婦孺上街抗議博取同情，今日利用慰安婦對《台灣論》似乎也是如此。最令人質疑的是某大學教授在七〇年代以戴帽子手法搞出台大哲學系事件，現在又以慰安婦議題的帶帽子手法扣在《台灣論》上，其操控手法幾乎是如出一轍。他甚至激情在街頭演出焚書坑儒的抗議手法，但是這種焚書景觀如同過去警總查禁黨外雜誌手法，充滿白色恐怖對言論自由的恐慌與威嚇。

荒腔走板的社會回應

在抗議聲浪中，連教育部匆匆忙忙答應把慰安婦史納入

教材，這種文化政策的決定似乎草率到極點。如果基於公平原則，是否連台北公娼抗議和華西街娼館都要放進鄉土教材呢？如果在新左派的抗議下，援助交際與檳榔西施可以發展女性身體完整主體性論述，是否也該比照辦理放進教材中？從泛慰安婦事件來看，執掌教育單位的官員似乎也到了迂腐不堪的程度，忽略教育獨立於政治意識型態鬥爭之外的原則，而陷入意識型態鬥爭的陰謀中。教材編審有一套教育自治的法理，並不是在政治鬥爭的脅迫中搞教材鬥爭，執掌教育的官員們難道這點基本教育原理都無知嗎？由此，可見台灣教育界的意識型態問題非常嚴重，可見台灣教育真正要改革的對象，恐怕是教育行政官僚與教育學術培育系統。就慰安婦抗爭愈演愈烈，波及教育界，暴露台灣社會情緒性歇斯底里的症狀，媒體污衊渲染的惡質化，同時也暴露台灣文化思想缺乏深沈穩重的歷史哲學思考。

《台灣論》書中如何談論慰安婦議題，其言論脈絡與思想如何？這是理解許文龍言論的關鍵，參與抗議的人有從頭到尾看過該書嗎？慰安婦是台灣娼妓史的一小部份，她們如同台灣日本兵事件是台灣史不得不的歷史情境，如何以深度的人文哲學來反思歷史情境的複雜與曖昧，以及人性如何在上述可能中發展生命哲學，這些都是身為台灣人必須反思的課題。今天台灣人要學習與思考的事，慰安婦和台灣日本兵如何在那樣戰亂情境中存活，他們活下來的目的和意義是什麼？在慰安婦事件聲討中，充滿了仇恨意識與輿論暴虐，難

道對歷史詮釋只剩下仇恨嗎？許文龍談到慰安婦今天受到輿論扶正的支持，更談到日本婦人戰後淪為妓女飽受社會的歧視，許文龍言論中有其包容、關懷與反思，相對批評許文龍的學者充滿怨恨語言的攻擊，將仇日錯亂情結稼接在慰安婦身上，這種輿論污衊者才是真正抹殺慰安婦尊嚴的人。

慰安婦事件的社會意義

　　今天慰安婦風波被發揮成為抗日故事情節，這種仇日錯亂情結，令人擔憂的是控制慰安婦的言論發言媒體，與及玩弄輿論力量的人，更令人覺得荒謬的是這些言論者彰顯某種虛擬的正義形象。政客們為了下一波的立委選舉，無不費心把事件搞大製造自己的聲勢。參與慰安婦事件的新黨立委們似乎找到一個選舉的主力戰場，利用慰安婦議題來擴大自己的聲勢。混淆的是，部份民進黨高層也極力附合抗議聲浪，盲從在媚俗輿論的陰影下，喪失獨立判斷。

　　如果慰安婦風波背後存在一種陰謀的論述，這個論述不願面對《台灣論》的文本──台灣人的公共意識的形成論述──台灣人的日本精神。因為《台灣論》探討的是1885年到1945年間，在日本統治期間養成守秩序、守時、教育普及與衛生習慣等，甚至逐漸孕育出中國人所沒有的「公德心」與「公共意識」，這是小林在台灣人尋找「日本精神」──奉公守法的公民意識的註解。該書不斷地從李登輝身上爬梳日本

精神,事實上遺留在台灣人身上的日本精神,就是一種奉公守法的精神。這樣的精神卻在二二八事件被扼殺,因為台灣人不懂得如何逃避中國人趕盡殺絕的政治手段。該書批判國民黨軍與外省人的政治惡質,同時更批判蔣家政權的獨裁專政,更對比台灣人務實務事與奉公守法的人生態度,恐怕這才是慰安婦風波背後想要焚書禁《台灣論》的目的。

(原載於新台灣周刊258期)

雙重標準不利對日關係拓展

劉黎兒／中國時報駐日特派員

　　日本右傾作家小林善紀因為《台灣論》在國內引起慰安婦爭議而遭禁止入境，事實上日本親台的政界人士如石原慎太郎等都是比小林更為極端的右傾人士，但是當他們來台灣時卻被當政者奉為上賓，其他親台的文化界人士也都是偏右居多，此種禁止入境的做法不但有違民主原則，而且有雙重標準之嫌，對於沒有政治權力的漫畫作家小林才以國家權力來限制入境。

　　在日本親台的政治家大抵為右傾的政治家，如果以右傾度來區分，則東京都知事的石原慎太郎已經不僅是右傾，而且是接近右翼，因為在三年前他還曾租一條英國船在海上聲援自由黨國會議員西村登陸釣島，是很行動派的右傾政治家，此外石原批判中共或是美國是全世界聞名的，他至今仍稱中國為「支那」，但是卻沒有被禁止入境，而且與李、陳兩位總統均會談過，其中與陳水扁總統是在去年五月廿一日於總統府舉行的；像石原目前也是日本當首相呼聲相當高的一位，以國家利益而言也很難不與石原交往，而且像石原對台

灣十分友善，在九二一大地震後，隨即率專家到台中視察，並協助復興建設。

此外，我國至今最重要的對日交流管道是「日華懇」，日華懇也大都是右傾、保守派的議員居多，有關歷史認識問題，比起小林更為右傾者更多，像前任的會長藤尾正行，在文相時代，便因為有關歷史問題的發言遭中共抗議；昨日遭逮捕的前首席副會長村上正邦更是參拜靖國神社的國會議員聯盟的主要成員，他到台灣時完全是受到國賓級的待遇。

日本對於慰安婦問題較為熱心的是社民黨及日本共產黨議員，但是社民黨是主張台灣問題為中共國內問題，而且反對將台灣列入日本「周邊有事」，在安保問題上立場是完全與中共一致的，日本共產黨是完全不和台灣來往的；如果台灣不與右派來往，則將等於在日本政界接近孤立無援的狀態。

（原載於3月4日中國時報）

怪哉，
竟然禁止《台灣論》作者入境！

黃爾璇／立法委員

　　在《台灣論》引發的風波中，部分具大中國主義情結之立委一再強烈要求行政院把小林善紀列為不受歡迎人物，警政署和外交部立即隨之起舞，建議禁止小林入境。3月2日下午，內政部召開跨部會、學者專家專案會議，審查《台灣論》作者小林善紀預定3月8日申請來台乙案，警政署確定將小林善紀列為不受歡迎人物，並指示境管單位禁止小林入境。警政署外事組張琪表示，由於當事人所發表言論與主張，已經對我國家尊嚴與主權宣示有所影響，所以警政署已於上週（竟在小組開會之前）行文入出境單位，將小林善紀列為不受歡迎、管制入境之資料名單，顯示警政署官員在內政部做成正式決定前，早已存在禁止其入境之成見。

　　警政署援引「出入國及移民法」第十七條第十三款之規定，指稱「有危害我國利益、公共安全、公共秩序或善良風俗之虞者」，得禁止其入國，固然根據國際法之「入國原

則」，國家並無必然准許外國人入境之義務，惟亦未有民主國家敢隨便建立不合理拒絕外國人入境之慣例。因此，基於國家利益之考量，政府雖有權拒絕作奸犯科、具暴力傾向及危害國家安全之外國人士入境，但絕不表示政府可予以擴張解釋，逕將一個前來台灣尋找寫作材料，依據台灣人口述觀感，形諸於書籍之作家，一併拒絕其入境，因為這種作法不但無法獲得國人認同，更是違反國際人權規則，自絕於國際社會的愚蠢行為。

　　過去舊政府時代被政府限制入境的外國人士，頗多對台灣相當友善、在國際上大聲疾呼支持台灣的正義之士，因受政府禁止入境，形成國際笑柄；不過，彼等已於李蕭體制下先後解除禁令。當前我國亟需仰賴民間力量拓展外交關係，新政府怎可故態復萌，無視出版、著述之自由及表現自由之公認人權，將因著作《台灣論》之小林善紀禁止入境？這次警政署以「出入國及移民法」第十七條第十三款之規定，作為禁止小林入境之理由，不僅曲解法律之意圖極為明顯，其解釋更是不倫不類；尤其警政署竟以一本著作禁止作者入境，更嚴重暴露出舊官僚蓄意將新政府塑造成反人權的負面形象，這不僅是對民進黨政府和民進黨支持者的差辱，更將對台灣的國際形象造成無可彌補的傷害。如果新政府不察，一再放任舊體制留下的封建官僚聯手侵害國際人權，勢必將讓陳總統建立的人權政府形象嚴重受創，甚至在國際上淪為和伊朗追殺《魔鬼詩篇》作者魯西迪一樣的反人權國家，新

政府焉能不猛然警醒？

　《台灣論》僅是漫畫書，並非嚴謹的學術論著，其內容即使不合部分人之胃口，也只是史觀見解上的差異，是非功過留待讀者公評即可，根本不可能符合「危害我國利益、公共安全、公共秩序或善良風俗」之任何一項要件。如果警政署可以任意曲解法律至此，則坊間隨處可見歌頌大中華軍國主義、蔑視台灣存在事實的中國人士著作，其對台灣社會民心之負面影響，絕對遠大於《台灣論》之衝擊，然而為何遲遲不見警政署將作者列為「不受歡迎人物」？尤有甚者，去年四月，中國和平發展研究中心研究員辛旗更公然恐嚇台灣人民，揚言要「把台灣打爛重建」，其言論顯然完全符合「危害我國利益、公共安全」之要件，入出境管理局為何不把辛旗列為禁止入境的恐怖份子？即使中國人士不適用「出入國及移民法」，但「大陸地區人民進入台灣地區許可辦法」第十七條亦有規定，政府為何不依法禁止其黨政人士來台？莫非所有國家安全單位和警政署都有親中媚共情結，才會對此視而不見。

　尤有甚者，小林係依據訪談方式撰寫《台灣論》一書，其訪談對象包括前總統李登輝、現任總統陳水扁、總統府資政許文龍、國策顧問金美齡，以及企業界人士和一般民眾，今天內政部以《台灣論》一書之內容決定禁止其作者入境台灣，是否連帶具有否定書中所有受訪人物之用意？如果是，就顯示警政署、外交部和社會人士所組成的審查委員會已介

入在野聯盟對新政府發起的政治鬥爭，其後果相當嚴重。我們鄭重警告行政院切莫淪為舊官僚體制支配下的傀儡政府，並密切注意彼等破壞政府形象的惡質舉動，尤其對於外國人的入出境問題，政府應就台灣國家利益及國際人權規則之角度通盤考量，而非一味屈服於部分政治人物反台灣的心態，以免在左支右絀的國際關係上自絕生路。

（原載於3月2日自由時報）

歡迎小林善紀先生來台
——並駁內政部的鎖國愚行

宋澤萊／台灣新本土社成員、台灣中社成員、台灣作家

《台灣論》鬧到現在，很快的已延伸到小林善紀來台的問題上來了。說來可眞快呀！一小撮外省中國人也眞的很會鬥爭！佩服佩服！

內政部在3月2日已由審查會議做出禁止小林善紀入境的決議。對於這個決議截至3月2日報載，張博雅部長將採取「尊重決議」來同意。內政部的這個決定，大大出乎一般民眾意料之外，手段可說極其荒唐愚蠢，簡直和自殺沒兩樣！審查人員及張博雅的作爲已經暴露台灣民主開放政策的破產，宣示台灣官僚的民主素養極端低級。

自1971年，台灣退出聯合國以後，大半的台灣人都知道，對內採行民主對外採行開放政策，已是唯一的生存之道。台灣地小人多、資源缺乏、又被國際孤立，本來就沒有自滿的本錢，如果不能容忍外籍人士來台指教，則台灣必被推至地球最不起眼的角落，不斷地開放是台灣的死生之道，國小的小孩都知道，內政部居然不知道！

更值得注意的是，行政院據說不滿內政部的決議，想基於「人權立場」、「國際形象」翻案再審。行政院爲什麼不極積地說是基於「開放民主的政策」要翻案呢？要知道小林善紀能否來台是檢驗扁政府治國方針正確與否的標準。能來，才是正確的，不能來就是錯的。

譬如十八世紀前期，普魯士本是歐洲小國，當時外敵奧、法、俄環伺在外，處境堪憂，有如今天的台灣，賢王腓特烈威廉二世在1740年即位，整軍經武，對外完全開放，他邀請各國學者前來訪問，歡迎一切人才到普魯士，在王宮中禮待有加，伏爾泰幾乎是他的莫逆之交。他的名言是：「假如土耳其人願意到普魯士，我也願意爲他們建清眞寺。」須知當時宗教衝突可不比《台灣論》這種小衝突，威廉二世竟有如此胸襟，在他手上，普魯士一躍成爲強國。相反的十七世紀後半，法國是大國，專制的路易十四於1685年，禁止新教信仰自由，導致五萬名教徒移往他國，工商人才盡失；英國收容新教，工商一舉超越法國。

這個例證說明小國唯有開放才是立國之道，大國如果封閉自己亦無所用，類似台灣這種小國怎麼可以不小心！扁政府應一再申明開放的立國政策，責成下級官僚明白道理，以免誤國，這是極重要的一件事。

不論如何，小林善紀早晚都要來台的，台灣人都應該熱情歡迎他，這是對於台灣知己的最起碼回報，理當如此。

據我估計，少數的外省中國人一定會趁他來台時，施予

報復性的攻擊、囂鬧。凡是本省人都應該起來悍衛小林善紀的言論權，這不但是一種正義，也是對台灣開放民主政策的維護！

（原載於3月5日台灣日報）

忽然出現一堆台灣史專家？

李筱峰 / 台灣歷史學會理事、台灣教授協會會員

雖然台灣社會普遍缺乏歷史感，可是最近幾天台灣社會忽然充滿著史學氣息。託日本漫畫家小林善紀、台灣企業家許文龍先生等人的福，一些平日對台灣歷史沒有興趣的政客，現在儼然成為台灣史專家了。一小撮不曾生長在日據時代的台灣、也沒有研究過台灣史的政客，如馮滬祥、李慶華、謝啓大（族繁不及備載），出來咄咄逼人指責日據時代有親身經歷的許文龍、蔡焜燦對於慰安婦的認識是錯的，他們說許文龍「以偏概全」。誠然許文龍先生當年有可能只看到一部份，但是請問他們這批毫無親身經歷的人，他們又看到哪一部份呢？我問過許多有日據時代經驗的老一輩，他們同樣給我「以偏概全」的結論，都和許文龍先生一樣。我終於確定，「以偏概全」總比「以空概全」要妥當一些。有人說，許文龍固然經歷日據時代，可是已經在電視上出面的那兩三位阿嬤，就是慰安婦本身，還不夠親身經歷嗎？這是一個很好的史學方法的練習題。有過口述歷史採訪經驗的史學工作者都會知道，當事人基於種種心理因素或顧忌，往往會對事

實的陳述加以修飾或隱諱，「當局者」的口述要輔以「旁觀
者」的見證相參照，比較周延。這種攸關顏面的事情，他們
會津津樂道說是出於樂意自願的嗎？阿嬤們在電視上不是也
說她們是被騙的嗎？誘騙和強迫，雖然都一樣可惡，但性質
仍不完全相同，歷史必須求真。

可憐的是，在這群儼然以台灣史專家身分出現的政客當
中，夾雜著幾位天真爛漫的女權運動者，她們誠然是為了慰
安婦的人權而出面，動機無庸置疑。但是她們思考所及，除
了慰安婦的問題之外，還是慰安婦的問題，她們搞不清楚這
是一場藉女權問題提升為民族主義的意識型態所進行的政治
鬥爭，這次的鬥爭，只是新政府成立以來，三Ｋ黨配合媒體
一連串死纏瞎鬥的其中的一環而已。這些天真的女權運動
者，搞不清楚這群政客並不是真的在關心女權，否則在「軍
中紅粉慰眾士，樂園春色皆佳人」的國民黨「軍中樂園」的
門聯背後，有多少不快樂的女人，曾經被簽有年限的賣身契
綑綁著，馮滬祥者流何曾感到痛心而出面吶喊過？在馮滬祥
等人的心中，日本人不該做的罪行，中國人做了就沒有關
係。因此，原本為了關心慰安婦，結果卻讓阿嬤成為政爭的
工具，這才是對阿嬤的二度傷害。

政客們再配合著幾位原住民朋友出面叫囂，又發展出另
一個史實的爭議，他們抨擊小林在《台灣論》中扭曲原住民
的抗日行動、美化「高砂義勇隊」。這個爭論，正如同摸著象
尾的人，和摸著象鼻的人，在爭論大象應該是什麼樣子一

樣。歷史研究最怕用二分法看問題，以霧社事件而言，霧社地區的原住民難道全都是激昂慷慨的抗日英雄嗎？要知道霧社地區沒有參加抗日的其他部落GAYA，被日本人組成所謂的「味方蕃」奇襲隊，用來對付莫那魯道的抗日原住民，打起自己人來還真賣命。霧社事件平息後，參加反抗的六社原住民剩下不到一半的人口（約五百人）被迫遷到羅多夫、西寶二保護蕃收容所。但是翌年（1931）日警唆使親日的原住民加以突擊，又造成兩百多人被害。這種被外來統治者利用來打擊自己族群的原住民（所謂味方蕃），可以說是清代台灣「義民」的山地版。再以「高砂義勇隊」來說，小林固然有過度美化之嫌，但也沒有偏離事實太遠。「高砂義勇隊」當中，效忠日本天皇、認同日本的人絕對不在少數，如若不然，那就太小看「皇民化」教育的效力了。

試想，國民黨在台灣實施的黨化教育，造就了不少藐視自己本土語言文化、心向大中國的子民，日本的皇民化教育，怎麼可能不會造就心向日本的皇民？國家神學的教育，本質都是一樣的。更何況經過精挑細選的「高砂義勇隊」，日本當局會去挑選像莫那魯道這樣的抗日人物來組織「高砂義勇隊」嗎？日本右派的小林善紀，對日本統治台灣的歷史予以美化，固然引起馮滬祥、李慶華這群蔣家政權的殘餘勢力的不滿，可是在我們台灣人看來，馮滬祥、李慶華所效忠擁護的蔣家政權所吹噓的「萬民擁戴，四海歸心」的政治神話，也同樣令人相當厭惡！謝啓大對於小林在書中描繪原住

民感激日本人而大感不滿，其實謝啟大的火氣不需這麼大，該感謝日本人的應該是你們，因為如果沒有日本人在台灣的近代化基礎建設，這群過去蔣家政權的依附族群，在逃避共產黨的追趕時，還會有地方逃嗎？

現在他們不需要逃避中國共產黨的追趕了，他們現在與過去發誓要消滅的「共匪」聯合起來，急著要消滅台灣獨立自主的力量。這也是這幫人那麼痛恨小林的《台灣論》的原因。他們絕對不是真的要關心慰安婦與原住民的尊嚴，他們所不能忍受的是《台灣論》對台灣的國家主體的肯定與支持。

雖然小林的《台灣論》在處理日據時代這段歷史，有他身為日本右派份子的偏執，然而這本書的最大意義在於他對台灣民主化、經濟發展與主體地位的肯定與支持。他甚至藉由台灣的民主發展成果與台灣人民的努力，來質問日本人，指出日本近代以來的奮鬥精神已經不見了，卻讓台灣人在發揮。他質問日本政府，對於台灣這樣的民主國家竟然如此不尊重，卻只會向北京中國政權低頭。

如此對台灣友善的人物，日前竟然被內政部警政署禁止來台，簡直不知好歹。這種類似宋楚瑜在擔任新聞局長時驅趕外國記者禁止採訪的措施，只有在像蔣家戒嚴統治時代，或中共專制政權之下才會發生，沒想到竟然在阿扁新政府時代死灰復燃。這樣支持台灣的人，被台灣禁止入境，相反的，那個經常用飛彈威脅台灣的國家的人，卻經常被歡迎來

台灣耀武揚威。警政署外事組張琪禁止小林來台的理由竟然說是「當事人所發表言論主張，已經對我國家尊嚴與主權宣示有影響」，完全顛倒黑白，呼籲要尊重台灣國家地位的言論，卻被解釋成有損我國家尊嚴，這種邏輯可以成立的話，我很懷疑，哪一天中國要武力犯台時，美國日本若要協防台灣，台灣是不是要和美日宣戰？

　　當然，明眼人一看，就知道這是警政署外事組、入出境審查委員會那批舊勢力人物故意給新政府難堪的絕招。政黨輪替以來，舊官僚給新政府難堪的例子屢見不鮮，這是其中一例。如果能因此進一步影響台日之間的民間交流，那是台灣統派份子和他們在北京的同路人所更期期樂見的。

（原載於3月5日自由時報）

台灣人的傲骨精神

何文杞 / 建國黨主席

日本作家小林善紀新出版的《台灣論》，在野聯盟為首的統派發動統派媒體圍攻書中人物及作者，封殺該漫畫，反而大大提高該書的知名度，引起轟動，一版一刷已賣罄，二刷即將問世，足見台灣年輕人用行動展現了《台灣論》中所說的「台灣人新傲骨精神」。

統派及統派媒體以「慰安婦」斷章取義，攻擊台灣本土企業及書中的人物，除了紐約時報報導與年底選舉有關之外，其動機是以台籍「慰安婦」來攻擊台灣人，製造仇日的不健康心理，要台灣人自己撕裂自己，更要台灣人與他們若干流亡在台的中國人仇視日本人，這種一石多鳥的設計，正是統派操控的媒體慣用的伎倆。

台籍「慰安婦」的問題正如台籍日本兵的問題一樣，這是日本對台灣的殖民教育成功的地方，台灣人民被教育效忠日本，為日本服務是一生最大光榮的事，在這種教育之下，台灣人為日本打仗而有榮譽感，女性獻出貞操亦無怨言，在當時的時空背景下，確是如此。當然，是不是也有被迫？答

案是肯定的。國民黨政權「打輸跑贏」敗逃到台灣來，不也和日本如出一轍，對台灣人民亦實施殖民教育，仇日貶台灣、強迫台灣人做中國人、說「國語」、要台灣人「反攻大陸、消滅共匪、解救陷於水深火熱的大陸同胞」、灌輸台灣人「忠黨愛國」的「愛國情操」，以流亡政權的「大中國觀」徹底剷除戰後新一代台灣人台灣意識萌生的機會。同樣地，國民黨也與日本一樣，經營慰安所，國民黨稱爲「軍中樂園」，代號「八三一」。由於「八三一」的設置，台灣社會多了一種行業——「人口販賣」，透過黑社會的經營，台灣女性同樣淪爲「慰安」的工具，而受害最深的莫過於原住民少女，原住民的盲詩人莫那能用詩來記錄並控訴這樣的惡行：「(深戀的故鄉女子) 健康滑膩的肚皮／不再爲村裡的男人生育／青春被黑社會輾轉拍賣／賣到軍中樂園／賣到私娼寮／賣到歌舞團／賣到理髮廳幫人馬殺雞／滿足社會的色慾／卻爲村裡／帶來病毒和虛榮／帶來私生子和自棄」。

統派及統派媒體對《台灣論》的叫囂、炒作「慰安婦」議題來仇日反台灣，事實上他們心裡非常害怕，因爲小林善紀雖是日本右派作家，但他的《台灣論》一書透過書中政治人物、日治時代台灣人、戰後受國民黨殖民教育的年輕一代，及一般民眾等各個世代及階層來闡揚台灣意識，將此台灣意識歸統於「新傲骨精神」，所謂的「新傲骨精神」即作者源自「傲慢」之義自創的語言，其要傳達的訊息是敢於用自己的直覺與認知貫徹其志，而從這個意義下，我們循著《台

灣論》的脈絡行走，「新傲骨精神」就是台灣人不同於中國人和韓國人的傲慢，而是具有個人主義與獨立自主的獨特性格，所以，「台灣人已經是一個獨一無二的民族」，「在這個島嶼獨特的歷史經驗中，台灣人的國民性格已然誕生！」流亡在台灣，卻不認同台灣的中國人能不怕嗎？

（原載於3月6日自由時報）

從「小林不能來」檢視外省中國人的「口頭多元文化」兼族群操作

胡長松 / 為台灣新本土社成員，台灣作家

　　一九七〇年代，王禎和寫了一篇小說叫做〈小林來台北〉，不過，這兩天在台北上演的鎖國醜劇，叫做「小林不能來」。

　　內政部針對《台灣論》作者小林善紀先生不能來台灣，說了一大堆理由，但筆者看來看去，這些理由，除了符合外省中國人的價值利益之外，實在看不出什麼道理。小林善紀先生可能讓外省中國人眼睛很痛，不想看到，於是，他們就先把他的書燒掉，再對過去是「階下囚」的現在政府官員施壓設禁；而過去的「階下囚」面對他們的蠻橫暴力，心理仍隱隱恐懼著，深怕他們再一刀刺來，會流血、會痛，只好照辦。大概就是這樣了。

　　其實，對於外省中國政客、媒體而言，只要別人無條件接受他們「大中國中心」（或者說「華夏至上」、「龍族是阿伯」）的價值觀，大抵仍可算是一個講究施捨、和善而且團結

對外的族群；尤其，他們多麼地喜歡把「多元文化」、「族群融合」掛在嘴邊。比如說，他們會舉辦原住民的藝術展，會舉辦各族群的歌謠晚會，會倡導國際學術、文化交流，特別是，選舉的時候，也會不忘用台語大聲吆喝：「莫閣分本省人外省人，咱攏是台灣人，要做伙打拼為台灣。」喊得聲音都沙啞了。很多本省人，看到過去那個殺人不必講理由的政治族群，一下子變得那麼樣和善可親，感動得都哭了，紛紛把票投過去。結果呢？

結果，票箱開出來，只要在眷區，九成以上票都是外省候選人的，永遠比本省選區分族群分得清楚明白；去年十月，台北市的陳永淘事件，龍應台的大中國優越意識讓客家族群流淚；去年十二月，在大安公園，台北市政府更以「百步蛇圖騰可能造成民眾恐懼」為由，要原住民藝術家把一件巨大木雕上的百步蛇紋改成魚紋！這算什麼多元文化與族群融合？

到了《台灣論》出現，外省中國政客、媒體馬上藉慰安婦來鬥爭阿扁政府，順便替本省阿公們扣上大帽子，要替這些歷史的見證者消音。不但焚書，演變到後來，還施壓內政部，要限制日本作者小林來台。你不高興的，就不能唱、不能畫、不能賣、不能說、不讓人邀請客人來。那麼，你平日言之鑿鑿的多元文化到底是怎麼一回事？

其實，這是外省中國人一貫在表面講多元文化、族群融合，而實際上完全背離的族群操作，本省人未必都熟悉，特

別是像筆者這個年紀的我們年輕一輩。因此，筆者認為有必要在此提醒。多元文化當然是好事，它確保不同觀點的每個人，都有機會站在自己立場說話；譬如黑人／白人、原住民／漢人、女性／男性、同性戀／異性戀、本省人／外省人、中國人／台灣人……應是大家都能說話，且互相尊重；就算不認同對方的話，也要維護對方說話的權利，這是基本原則。但外省中國政客、媒體平日口中的「多元化」卻不是這樣。就以省籍問題為例，他們的說法是：大家都不要說本省人／外省人，誰說了就是誰破壞族群融合，是族群衝突的罪人；他們灌輸本省年輕人這個觀念，使得本省年輕人在族群問題上彷若啞巴。另一方面更惡毒的是，他們太擅長藉口「口頭上」的「多元文化」觀點，煽動邊緣、弱勢者的情緒，來增加自己的政治籌碼。譬如這次的《台灣論》事件，煽動慰安婦去抗議本省阿公。縱然有人說慰安婦會因此受到更大傷害，反正他們不管，他們就是要用這種血淋淋的方式才高興。坦白講，他們何曾關心過慰安婦？此外，在《台灣論》裡，不是也有提到日治時代的台籍老兵？這些台籍老兵的心情他們關心嗎？還有二二八、白色恐怖下的受害者呢？總之，他們專挑符合自己族群利益的衝突點，見縫插針，製造巨大衝突。這麼做，除了政治鬥爭之外，真正的目的，還是要牽制「非我族類」不得發言，否則，想盡辦法讓你好看就對了。他們果真不講本省／外省嗎？當然不是，只是在口頭上不講。有趣的是，竟然有台灣本省人信以為真，看到本省

／外省字眼像看到毒藥似的，趕快用手掌把雙眼遮起來。說穿了，外省政客、媒體是手段殘暴、真正厲害的族群操作者，他們「口頭多元文化」的階段性成就蔚然。

但台灣人必須小心，這種「口頭多元文化」，其實骨子裡是單一外省中國價值中心的封閉文化，是真正多元文化的破壞者；它要你不說話，而不是讓你說話。這是民主、自由的反教育，會讓台灣社會越來越脆弱。一個良好正常的多元社會，應該是鼓勵說話、抒發己見，以致百家爭鳴，而不是每個人都怕動輒得咎，演變成沒人敢正大光明說出心裡話的局面。一個沒人敢說心裡話的社會，還會有什麼希望？我們千萬不能受迫於它，應該學習無懼的把心裡話講出來；雖然「無懼」，往往是曾被殖民者面對過去殖民者時，最難克服的一件事。

對於台灣本省人來說，只要克服恐懼，接下來要做的事就是打破外省中國人的「口頭多元文化」說法，讓台灣社會邁入真正多元化的自由民主時代。其實這件事也很簡單，就是讓各族群各歸本位，本省人就說本省人，外省人就說外省人，沒有如外省中國政客、媒體灌輸的那麼可怕。大家彼此尊重，就自己的族群史觀無懼發言，才是真正多元化社會的開始。否則，台灣的文化將繼續停留在封閉階段，無法翻身。

從「小林不能來」這件事，筆者不僅看見外省中國政客、媒體的狡獪面，更看見許多台灣本省人無力面對施暴者

的恐懼心理，特別是我們的官員們，得到了嚴重的貧血症。
如果短期間內，這兩個病症都無法挽救，那麼，筆者只能祈
禱我們年輕一輩的台灣本省人，能更加勇敢，大聲說話。不
然再沈默下去，台灣有一天終將鎖國！

（原載於3月6日自由時報）

國民黨要把金美齡驅逐出境，
有沒有搞錯？

台灣日報社論

　　日本漫畫家小林善紀《台灣論》風波已持續激盪十多天，由於總統府國策顧問金美齡回國為小林爭取基本人權，而內政部則做出對小林不予許可入境的決議，都使得《台灣論》風波愈加擴大，逐漸在政壇和社會之中形成一股摻雜民族主義情緒的對立氣氛。一本日本人藉台灣政治變遷來闡述其日本情結的漫畫書，居然在台灣島上惹出這麼大的風波，固小林始料所不及，卻也凸顯了今天台灣社會中省籍、族群和意識形態的鴻溝之深、歧見之大，與衝突的潛伏。

　　《台灣論》風波的孳生，表面上起於台灣的中國民族主義者對該書有關慰安婦的歷史解釋不滿，骨子裡其實隱含著對於陳水扁新政府的政治鬥爭，小林的《台灣論》給前總統李登輝「偉大」的評價，也盛讚陳水扁總統是個「有膽量的男子漢」，確屬見仁見智，卻只因這個外國人關於慰安婦的解釋與我們不同，就形成風暴，實在不可思議。

　　這幾天以來，立法院在野黨派立委對於《台灣論》風波的相關言行，十足表現出十分的醜陋心態。在野立委上一週主攻慰安婦議題時，嚴詞批判小林和總統府資政許文龍，強調維護慰安婦人權，要求政府禁止《台灣論》出書、宣佈小林為不受歡迎人物、許文龍下台；內政部果然依照他們要求，卻立即引來他們重批新政府不重視人權，台灣貽笑國際；等金美齡來台為小林申冤後，同樣這群政客卻又反過頭來要內政部堅持原議，不可讓小林來台。像這樣前後態度不一、言行反覆的作法，哪裡是在意歷史解釋，只是將其當成攻訐新政府的工具罷了。

　　更可笑的是，這群立委恐怕連《台灣論》也沒翻過，只在政治層面打轉。他們一下子指責許文龍、金美齡「沒有資格」擔任總統的諮詢者，要求總統府撤換兩人職務；一下子又以近乎人身攻擊的語調，責罵兩人不是台灣人，「都是垃圾」，在堂堂國會中，試問這是問政還是批鬥？這樣的立委豈不浪費公帑，滿足他們鬥爭的凶殘本性？人民豈能坐視這種問政方式和無聊鬥爭？

　　舉例來說，這兩天以來，國民黨立委游月霞批評許金兩人「污辱台灣人」，劉光華批評金美齡「說話像個日本人」，新黨立委謝啓大甚至扯上李遠哲，說李「不懂歷史」，國民黨團書記長鄭永金則「代表」國民黨「主張繼續將小林列為不受歡迎人物」；昨天無黨籍立委陳進丁大罵「許文龍真可惡」，「沒資格作台灣人」，新黨立委賴士葆批評許金兩人

「踐踏台灣人」。這些政客儼然全能上帝，甚至要求政府將金美齡「驅逐出境」。他們的發言，抄不勝抄，但不外洩憤、攻擊，如此而已，這跟野蠻人圍攻不小心闖入者有何兩樣？

問題在於，許文龍是土生土長、真心愛台灣的本土實業家；金美齡是至今仍持台灣護照、以個人力量為台灣外交奮鬥不懈的台僑。在野立委的情緒攻擊，只會讓台灣人更又不滿，而他們的鬥爭心態與嘴臉，除了激化省籍之分、族群之別、意識形態之對立以外，又能釐清什麼歷史真相？闡明什麼民族大義？

我們只能遺憾地說，《台灣論》風波發展到現在已經離譜過甚，一大群立委圍繞在「台灣人」這個認同符號上打轉、洩憤，攻擊謾罵比他們年長的老人，不但無補於歷史真相，無濟無社會公義，更是拿人民納稅錢逞口舌之快的作為。更嚴重的是，這種動輒說別人「沒有資格做台灣人」的可惡心態如果繼續蔓延下去，勢必引發另一個極端民族主義情緒的產生，導致內部省籍族群劃分與衝突的開始。奉勸在野黨立委，這種玩火心態和言行可以休矣。

（原載於3月7日台灣日報）

打扁抑獨，
揭開《台灣論》風暴眞相

侯榮邦 / 現代文化基金會董事

　　新政府之車上路，剛取得駕駛執照，技術還差，街道不熟，總難免容易發生狀況。加上舊政權及其同黨派之車不遵守交通規則與秩序，處處干擾，使新政權之車更不能暢行無阻。

　　新政府上路短短九個月，兩國關係（兩岸關係）的路線、總統罷免風波、所謂總統緋聞、核四續建與否等問題，接踵而至衝擊著新政府，而消耗了莫大的精力。正想呼一口氣時，突然出現《台灣論》風暴，近日來鬧到滿城風雨、人心惶惶、雞犬不寧。

　　《台灣論》一書是日本知名漫畫家小林善紀以漫畫描寫台灣近現代史的暢銷名著，並被譯爲中文出版。除了比較日本與國民黨兩外來政權殖民統治的利弊與得失外，極力推崇李登輝前總統爲少數亞洲甚至是世界偉大的國家領袖之一，也對陳水扁總統稱讚有加。

　　《台灣論》風暴的焦點出在接受訪問的奇美董事長，也是總統府資政許文龍先生談到有關第二次大戰中日本軍的「慰安婦」問題時，他說曾調查幾個慰安婦，她們都否認是被強迫的，許文龍先生也說日本當時也重視人權，能成為慰安婦反而是出人頭地等等。

　　《台灣論》一書的「揚台抑中」，推崇李登輝前總統、稱讚陳水扁總統，大大地觸怒了大中國主義的政客及一手操控的統派媒體，並及時抓住「慰安婦」的問題做把柄，泛政治化地當作政治鬥爭的工具，大肆渲染炒作撻伐。漫罵許文龍先生為「漢奸」、「日本奴」、「賣國奴」……大肆叫囂，措詞無所不用其極。

　　人格高雅一向熱愛鄉主關心台灣前途的許文龍先生，因礙於情勢的發展，一反過去討厭曝光姿態，親自出面舉行記者會證清其說詞：「事隔六十餘年，當時的時空背景與客觀環境以及價值觀等等，不能與今日同日而語。慰安婦的遭遇的確令人憐憫。這是因為當時家裡貧窮，父母強迫把她們賣給代理商去充當慰安婦，而不是日本政府強迫的。我說的都是事實，你們調查一下就知道。過去『軍中樂園』的娼婦也有許多同樣被父母強迫去賣淫的，實在很可憐。」

　　可見許文龍先生並無污衊慰安婦之意，而僅止於說出歷史的事實，無可厚非。至此本可息事寧人，豈知統派政客及媒體更狼狽為奸，撻伐之聲愈來愈烈，許文龍先生遂公開發表包括公開道歉的五項聲明。

　　對此《台灣論》作者小林善紀氏發表談話說：「對許文龍先生與蔡焜燦先生意外受到百般的干擾深表歉意。慰安婦『出人頭地』一語非出自許文龍先生，而是日本人的常識認知，《台灣論》現在已獲得日本青年的共識，而這次的反《台灣論》運動等於反日運動，同時要取消近日台灣之行。」

　　上述的大中國主義的政客及統派媒體羞辱謾罵許文龍與蔡焜燦兩位熱愛台灣的老前輩為媚日、日本奴，難免有失中肯與公平，蓋台灣人歷經日本及國民黨兩外來政權殖民統治長達一世紀，兩者的統治相較，一般而論，凡稍具歷史常識者總會感受到口口聲聲稱為台灣同胞的國民黨政權的殖民統治反而較日本的殖民統治來得差。

　　3月2日內政部入出境審查委員會全體一致決定禁止小林善紀先生入境。為此國策顧問金美齡女士專程返台，在3月4日召開記者會，說明《台灣論》出版的來龍去脈，而對一些有心人斷章取義，泛政治化的借題發揮，以充當為政治鬥爭的工具感到萬分遺憾。小林先生是很著名的漫畫家，其所有的作品已銷售一千七百萬本。他很喜愛台灣，寫《台灣論》的動機也是出於愛台灣的善意。

　　此次政府決定禁止小林先生入境，實為不智之舉，無疑違反聯合國憲章所保障的基本人權，貽笑大方，並損害台灣的國際形象。又其公然焚書及發動拒買《台灣論》一書，也違反民主國家所保障的言論出版的自由自不待言。小林先生獲知被禁止入境的消息後，既憤怒又傷心，並有被背叛之

感。除非台灣當局表示歉意，否則也許他不會再來台灣。

　　金美齡女士也說她所敬佩的許文龍先生受到很大的委屈與誤解。關於「慰安婦」問題他只說一些話，其實作者稍微誇張，翻譯文也有問題，以致被一些有心人乘機小題大作，誤導民眾，因此遭到莫大的羞辱。

　　總之，這次的《台灣論》風暴，實為一些大中國主義的政客及統派媒體，唯恐天下不亂，藉《台灣論》充當政治鬥爭的工具，大肆渲染炒作，其背後企圖主要有兩點：

　　（一）「揚台抑中」深深刺激到他們的大中國主義思想，乃挺身而出以中國人民共和國的代言人自居，充當打手，煽動反日以分化台日關係。

　　（二）表面上箭頭朝向許文龍先生，實質上的標的卻是企圖打擊李登輝前總統及陳水扁政權，以達到抵制台獨勢力的目的。

　　　　　　　　　　　　　　（原載於3月7日台灣日報）

驅逐別人前，自己先照照鏡子

連國揚／台灣日報記者

　　原本知名度不高的國策顧問金美齡，近來頻頻搶佔媒體重要版面，由於她聲援《台灣論》作者小林善紀，也是台獨人士，因此在野黨視她為寇讎，尤其在她公開表明她是「台灣人」、不是「中華民國國民」後，在野立委更是氣得跳腳，甚至要求將她驅逐出境。一個不願承認自己是中國人的人，在野黨就要將她趕出台灣，令人不禁要質疑在野黨是否反應過度？

　　《台灣論》受在野黨抨擊，主要是因為書中有關慰安婦的敘述有欠公允，但經過媒體及有心人士的炒作，究竟慰安婦是否自願已不是重點，不僅事態有上升到政治鬥爭之勢，甚至再度牽扯出統獨糾葛；坦白說，小林在日本屬於愛國右翼份子，來台也都接觸具有台獨意識人士，如此背景產生的著作，原本就無法公正，但其絕對代表「部份」台灣人的價值期待，這點不容置疑。

　　既然《台灣論》是一篇著作，其本來就有接受公評之

處，但在言論自由的保障下，反對者可以批評，可以辯論，但就是不能不容許它存在，而這也是民主社會可貴之所在；而金美齡是認同《台灣論》觀點其中一人，或許她對內閣閣員、元首的批評稍嫌激烈，但她有她的言論自由，因此跟《台灣論》一書一樣，她代表在社會中的多元聲音之一，有其存在的權利。

在野立委尤其不滿的是，金美齡身為國策顧問，但就是不願承認自己是中國民國國民，然而金美齡旅日數十年，至今尚未入日本籍，況且她強調她是台灣人，其實「台灣」可以是一種情感寄託，「中華民國」卻是政治認同，就好像是「蘇格蘭人」從來不承認自己是「英國人」般，然政治認同牽涉到個人主觀偏好，亦是社會多元價值之一。

金美齡說自己不是國民，在野立委就要將她驅逐出境，甚至要「賞她耳光」，若以相同角度來看，有立委打著中國民國國會議員名號，卻跑到對岸痛批自己政府種種，儼然對岸代言人，這種「國民」的政治認同又是高明到哪去呢？在野立委會以相同標準看待這類人嗎？相信不無疑問。

（原載於3月7日台灣日報）

金美齡事件，立委醜態百出！

葉柏祥 / 台灣日報記者

　　旅居日本的總統府國策顧問金美齡，昨天又成爲社會的焦點人物，一些立委挾著戒嚴時期的反民主心態，大肆批評，並叫囂「撤銷金美齡的國策顧問」、「把金美齡驅逐出境」、「徹查還有多少吃裡扒外的資政、顧問」等等，荒唐言論不一而足，將反民主心態與反動性格表露無遺，有這樣的立委煽風點火，台灣豈能不亂？這種立委已爲台灣的民主法治教育，提供反面教財。

　　這些立委藉台灣社會最大亂源——國是論壇，散播似是而非言論，卻得到統派媒體的青睞，在版面上大幅報導，其實就是只有那麼幾位立委，卻能興風作浪，本事之大，令人不得不感佩，有這些「挑撥政府與人民感情」的立委，台灣不亂成一團才奇怪。肥佬黎的狗仔隊還沒到台灣，咱們的國會議員早已配備狗仔精神，大爆政治八卦與政壇馬經，他們成了馬前卒，狗仔隊可能會有「英雄無用武之地」之嘆。

　　可笑的是，這些立委口頭上都不忘再三強調「愛台灣」，

可是他們心口不一，言過其實，擺明了害怕社會太安定，媒體沒事做，這種「惟恐天下不亂」的心態，真是讓台灣難以承受的「愛」，說這是愛未免是太沈重了吧！

他們曲解金美齡的談話，小題大作，反映的心態正是「逢扁必反」，只要逮到小辮子，就擴大打擊面，他們未就事論事，完全抹煞金美齡對台日外交的貢獻，其攻擊言論，不乏「斷章取義，以偏概全」之處，他們不是自己沒了良知，就是把民眾都當成傻瓜，他們有濃厚的「反扁情結」，卻要把全民拖下水，流露反民主自由的戒嚴心態，根本得不到社會的支持。

對於金美齡的談話，立委容或有不同意見，但不能無限上網，翻天倒地般橫柴入灶，他們的言論自由別人管不著，可是如果故意扭曲，大造罔顧人權、妨害言論自由的孽，開時代的倒車，故意傷害台灣的和諧，不但有違國會制衡之良性精神，也傷害民主根基，比起慰安婦事件還要嚴重。

在野立委開口閉口，就是「禁止入境、撤換資政、焚書禁書、驅逐出境」等言論，甚至還有女立委忘了「動口不動手」，公開說恨不得上去「打她一巴掌」，原本立委的民主素養，只是如此而已，金美齡事件讓這些人醜態百出、毛病畢露，他們把新政府批評得一無是處，但是一到中國，身段矮了一大截，對中共領導人必恭必敬，唯唯諾諾，極盡諂媚奉承之能耐，對中共違反人權、人道、民主等事件，充耳不聞，這就是中華民國國會議員的格局，一到北京，竟然連中

共的政協還不如。他們之所以會暴跳如雷，因爲金美齡「不承認中華民國說」，不但觸犯了他們的禁忌，他們或許也有要向北京交心的苦衷吧。

　　台灣的民主化得來不易，大家要共同維護，可是這些立委在金美齡事件中就像個政治狂人般，以過去戒嚴時期侵客人權、限制言論出版自由、禁止入境等訴求，胡搞亂整，台灣一下子似回到國民黨執政的時光，如果惡政眞的復辟，才是台灣社會的悲哀。其實，他們的作法也不稀奇，因爲他們正是當時惡政的「劊子手」，他們的民主格調與知識水平，就是這樣而已。想來這也是台灣人的不幸。

（原載於3月7日台灣日報）

從慰安婦的辯論看族群的危機

戴正德/中山醫學院教授、台灣教授協會會員

慰安婦在台灣所引起的爭論，再次顯現出台灣有一股暗流，深深影響台灣社會的安寧與人民的意向。這個暗流究其源，乃是統派人士唯恐台灣人出頭天，一而再地使出渾身解數來分化台灣人對本土的認同感，挑撥台灣人民的感情，混亂國家問題的重心並掌控台灣輿論的焦點，使社會得不到安寧，新政府無政可施所致。

從李登輝主政以至陳水扁入主總統府以來，台灣在政治甚或其他社會議題上所發生的問題，哪一個不是由統派人士撥弄是非所挑起與操縱所引起的？仔細地觀察媒體，很清楚地可以看到製造事端的，幾乎清一色都是認同中國的人。在今天大家希望台灣能有族群融合的時代，這些認同中國的民意代表卻一而再地唯恐天下不亂，屢屢衍生是非來癱瘓政府。

假如有人指出這些不認同台灣的人屢屢表現出賣台媚中的事實，他們就會控訴台灣人又再挑起「族群情結」來加以

撻伐，台灣人為了表現出大融合的心態，也就一再地絲毫不敢說出可能會被外省人指責「你們又再挑起省籍情結」的話。台灣人真的忍無可忍，但又不能不忍。阿扁好努力去製造包容的形象，但無論如何還是得不到他們的了解，更不必說同舟共濟了。

　　這個本省外省壁壘分明的事實，並不因我們不談省籍問題而消失。現在台灣人民已完全不再排斥外省人了，卻得不到外省人的回應來共同維護這塊土地。看看控訴李登輝要他下台的，反對不建核四的，攻擊《台灣論》，把慰安婦問題政治化的，反對台灣通用語的，支持漢語拼音的……哪一個不是統派人士？很可悲的是這些人在台灣媒體，特別是電視上的曝光率卻都是全國之冠。單純樸實的台灣人民在耳濡目染之下，有人已被他們影響不自知反去支持這些反台灣的人。雖然陳水扁極盡能事去迎合討好「外省人」，可是壁壘分明已根深蒂固，無所作用。

　　統派人士死也不會支持具有台灣意識者，而台灣人卻也很天真的，好多人認為宋可以帶給台灣安定。這個認知的歪曲，使台灣人自我開拓的空間機會，日益消失。

　　在今天，追求台灣主權在國際獨立的聲音不是已經聽不到了嗎？這個壁壘分明的族群現象在台灣是不可否認的事實，但我們不能點出它的癥結來，這真是台灣社會安寧與國家前途的最大危機。阿扁釋出中間路線，擁抱中華民國，用柔弱到會令人氣餒的低姿態來領政，也就是想得到這些人的

支持，也是爲了這些人，但有用嗎？歷來的經驗告訴我們，那是徒勞無功的。

　　爲了台灣的永續發展，就必須給台灣一個新生的機會，台灣人民需要睜開眼睛，不要爲了一時的糊塗，斷送台灣的前途。台灣媒體的極端偏右，給予統派人士大量的發言機會，令台灣人民無可奈何，只希望阿扁政府會注意到教育的重要性，多關注台灣意識逐漸消失的嚴重現象，提出拯救之道，否則台灣眞的希望不多。雖然阿扁政府討好中國的政策令人嘆息，不過只要他能堅持台灣人自決的權利，不再放水軟化，我們還應給予時間，否則也許我們都該出家修行不管天下事了。

　　　　　　　　　　　　（原載於3月7日台灣日報）

金美齡事件的歷史反思

黃國書 / 台中市議員

　　金美齡言論所引發的政治爭議，讓台灣潛伏的歷史認知意識形態辨證又掀了起來，在野聯盟的國會議員抓住了新聞焦點，為了出風頭毫不留情的痛責一番，也把自己表現得一副愛國主義者的慷慨激昂，其實這些場景都已司空見慣，不足為奇。可是我們比較訝異的是民進黨的立法委員為何在《台灣論》的事件上竟然畏縮了起來，毫無聲音的任憑政治人物藉機擴大事端而一路挨打，做為一個關心民主政治的後輩，我想要對執政黨的國會議員普遍缺乏歷史人文素養感到憂心。

　　金美齡有關的論述遭到批評圍剿，我們不願在此辯解，但金的說法我想有兩個部分是值得反省的，第一個的說法是「日本殖民統治比國民黨統治要好」，這樣的說法不免引起「媚日」、「走狗」的辱罵，然而做為現世代的台灣人，我們何嘗認真去理解上一輩的台灣人，在經過日本人的五十年統治後的國家認同處境與歷史感情，日本政府比國民黨政府令

人懷念，這是普遍存在老一輩台灣人的觀點，如果硬要對這個事實的闡述者加上媚日的罪名，真是情何以堪！就如同戰後隨國民黨軍隊來台的外省族群，硬要他們捨去大中國的思想，忘卻舊人故國來認同台灣，又何嘗不是不顧人道。「認同台灣」已是目前朝野普遍的價值，用何種方式認同其實都應該被包容，我們相信金美齡和郝龍斌都是認同台灣，只是他們彼此有不同的歷史情結，一個是日本，一個是中國。國家認同的衝突困難化解，但是不同黨派的政治人物應該要認真去理解不同族群、不同時代的台灣人，他們心目中的國家感受。金美齡承認自己是親日的台灣論者，事實上也代表了台灣人一定程度上親日的歷史情境，何須加罪？

金美齡第二個引起爭議的說法是「做爲一個公民有打倒政府的權利」，因爲金本身國策顧問的身份，所以這樣的說法更加充滿了顛覆和挑戰。站在國家主義的立場，任何背叛國家、反對政府的思想，當然是大逆不道，更何況她具有政府給予的官位，金的說法或許令人難以接受；但在民主社會的內涵上，金的說法對台灣惡質的政治爭鬥，其實是許久未見的左派政治哲學語言，從左派的觀點，國家做爲一個統治機器，人民應該有權利選擇不被統治，所以金美齡不願承認中華民國，這是她的思想選擇。從上個世紀風起雲湧的左派運動發展看來，左派的論述成就在思想和哲學的價值，對現實國家政治發展的運用早已退出歷史舞台，金美齡的說法雖然像是惡人狂語，其實只有思想上的意義，如果真要危言聳聽

地理解成金美齡背叛國家，那麼在台灣要背負這樣罪名的人那就太多太多了。

（原載於3月8日中國時報）

統派滿意了嗎？

自由時報自由談

　　台灣的統派人士最近可眞是得意極了，他們巧妙的以「民族情感」做爲利器批鬥《台灣論》，隔海砲打小林善紀、金美齡，對內則猛轟許文龍等老一代的企業家，焚書罵人不一而足，還可以在國會殿堂上強迫官員唱國歌，像對付偷渡客一樣，其行徑實在是無比的囂張。

　　從李登輝推動民主改革以來，統派日益與台灣主流社會疏離，幾乎成了政治邊緣人。這次他們之所以能夠重整殘兵敗將，讓一些婦女、社運團體爲其利用，而輿論更不敢攖其鋒，憑藉的就是「民族主義」的大旗，把批鬥台灣論轉移爲一場民族認同上的「中日戰爭」。

　　支持《台灣論》的人，本是認同它對台灣尋找主體性的描繪，卻因爲書中出現幾句不妥的字眼，被統派誤導爲認同殖民統治，成了賣國求榮的無恥之輩，自然引起不明就裡的民眾的反感，而百口莫辯，好像經歷了一場文化大革命的迫害。

　　但是，統派項莊舞劍，意在沛公，其矛頭原是指向陳水

扁，所以儘管這場風波跟阿扁無關，統派媒體卻仍以太上皇的姿態要求陳水扁「給個說法」。「給個說法」，這種用語絕對不是傳統中國式的，而是中國共產黨掌權之後才有的新生詞彙。

昨天阿扁跟魏京生見面時終於對這場風波表態。他說，資政、國策顧問統獨都有，這是台灣社會的縮影，他要誓死捍衛資政、國策顧問的言論自由。阿扁給了這樣的說法，統派，你們滿意了嗎？

（轉載自3月9日自由時報）

言論何罪之有？

胡文輝／資深新聞工作者

　　自由與人權是普世價值，作家毛姆有句名言：「如果一個國家認為有別的東西比自由更重要，它就會失去自由！」對於《台灣論》引發的風波，陳水扁總統昨天首度表達「誓死捍衛言論自由」的立場，這是一個民主國家總統的基本堅持。

　　對於《台灣論》書中的言論，可以不同意、可以批評、可以抗議、可以訴之以法，但是，因為政治力介入，風波演變至今，在野黨從圍剿作者小林善紀，圍剿總統府資政許文龍、國策顧問金美齡，圍剿駐日代表、更圍剿陳總統，不惜以言論自由為祭品，已是赤裸裸的政治鬥爭。

　　思想何罪？言論何罪？還記得當年的刑法一百條及懲治叛亂條例嗎？因政治思想、言論主張不同而獲罪的法條，好不容易廢除了，卻見在野黨立委及一些特定媒體，藉著台灣論風波，要讓思想與言論管制借屍還魂！

　　甚至，一些人士行徑有如自命為「思想警察」、「言論檢察官」，藉此「揚中抑台」、「批獨促統」，打著反日的旗號、

藉口國家認同、藉口聲援弱勢，以燒書、禁書、禁止入境、驅逐出境、逼迫下台等手段，企圖清除思想言論的異議，打壓認同台灣的社會主流，這種作為已完全與台灣為民主自由的主權國家悖離。

　　一方面圍剿台灣思潮，一方面卻奉專制極權、威脅中華民國存在最大的中國為祖國，特定政治人物作為已圖窮匕現！

（轉載自3月9日自由時報）

《台灣論》與近代化論

酒井亨 / 台灣社會研究者、前日本共同通訊社記者
涂瑞娟譯

　　小林善紀的《台灣論》引發了種種論戰，不過，台灣方面對《台灣論》的批判，並不是在理解日本的思想狀況下所做出來的冷靜的分析和評論，而是立足在省籍矛盾上情緒化的政治對立。台灣方面的部分評論有些誤解和混淆，把小林的日本極右派思想和《台灣論》中的許文龍、蔡焜燦兩位先生的思想劃上等號。這麼一來就看不到問題的本質，所以筆者想先指出老一輩台灣人（譯者按：以下簡稱「老台灣人」）和日本右派人士的根本差異。

　　進入正題之前，先談談小林和《台灣論》。

　　小林是戰後出生的日本人，最初以通俗漫畫出名，1990年左右開始畫政治漫畫。早期挑戰過「被歧視部落問題」、「天皇制」等日本的禁忌題材，也在愛滋病藥害問題上積極地對厚生省大加撻伐，怎麼看都像是「左傾」、「反體制」的立場。然而，批判採用恐怖暴力主義的「真理教」時，他的態度開始轉變。對「真理教」的批判方興未艾，他主張動用國

家權力取締，而向來和他持相同立場批判「眞理教」的左派律師卻反對由國家出面取締。他趁機和左派決裂，高唱「國家精神」，轉投右派。展開右派偏激言論的《戰爭論》、《台灣論》等作品連續成爲暢銷書，銷售也長紅，就順勢再展開偏激的言論。他就是這種類型的人物。

《台灣論》本身文不對題，應該說是「日本論」才對。姑且不論細節部分有矛盾和偏離主張的地方，它的整體宗旨終究都是站在以「戰前的日本」爲理想的極右派立場，具有濃厚的復古主義和國家主義色彩。現在的日本狀況也是背景之一。1990年以來，對戰後的日本而言，是唯一的精神支柱，也令人引以自豪的經濟持續蕭條、低迷；那種挫折情結的反動，就是部分人士否定戰後的日本，復古主義式的、走「傳統」路線狹隘的國家主義——「以天皇爲中心的神國」，在少數人之間萌芽（當然反對的聲浪還是很強）。小林的「日本論」（非「台灣論」）也順應這種潮流，有強烈的意圖想漂白戰前的日本行爲。

「戰前的日本很好」的總論，使小林這些日本右派和老台灣人看起來好像也有意見一致的時候。正因爲如此，小林等日本右派人士才會想親近台灣。

問題就出在這裡。小林和許、蔡的身世、背景、立場原本就大不相同，這些差異就直接反映在對「戰前的日本」的觀點和理解方式上。

老台灣人的「親日」言談，與其說是指「日本這個國家

很好」，倒不如說是指「近代化之契機的日本統治很好」，具有濃厚的「近代化論」色彩。老台灣人其實是從「近代」的觀點去看「戰前的日本」，想想有關「戰前的日本」的具體事例就顯而易見。例如，老台灣人對法治主義和完備的教育等近代作為有很高的評價，而對參拜神社和遙拜宮城等前近代作為卻冷眼旁觀。

相反的，日本右派、歷史修正主義者所注視的「戰前的日本」的景象，根本都是戰後的反面——復古主義、天皇主義的部分，焦點完全不同。日本右派還常常否定日本「統治殖民地」的事實。有很多人扭曲事實，說日本統治台灣和朝鮮一視同仁，和統治日本內地一樣。相較之下，許文龍和蔡焜燦顯然都有受到日本人的異族殖民統治的認知。

和日本人聊天時，蔡焜燦先生也常常談到日據時代台灣人被視為二等國民，差別待遇明顯存在之類日本統治的問題點。談起慰安婦問題時，他的立場則是：「沒有調查過所有的人，我也不好說什麼。但是在我直接知道的範圍內，並沒有強制把人帶走的事。不過，我們並不清楚其中的歷史，所以應該擬定一個大規模的研究計畫追查歷史的真相。」

他們兩位都「愛日」，但絕不是盲目的「崇日」或「媚日」。他們也深知日本的弱點和愚昧，即使見到日本人，也不會說好聽的話討好日本人。

老台灣人在日據時代受到「二等國民」的差別待遇，當然應該都有過痛苦的經歷。沒體驗過那些痛苦的人，如果不

能多體察他們並不常訴說的痛苦部分，只因爲他們「好像很親日」而攻擊他們，他們就等於嚐到雙重的「二等國民的悲哀」。更重要的是，爲什麼他們會對本來就踐踏人性尊嚴，不可能讓人愉快的殖民統治，抱著一種肯定的態度呢？它的原因值得深思。

人們常談論說是因爲戰後外省人的統治太蠻橫，其實並不是這樣。

一如現今政治學上的常識，國民和民族的形成全然是近代的產物，不應該回溯到古代（即使是前身或萌芽狀態）。「近代化」是某一群人成爲國民和民族，然後形成一個國家的必要條件。在某個成爲近代化契機的時期，帶來近代化基礎的對象通常都會得到好的評價；而明明有近代化的契機，那緊跟在後面妨礙近代化的對象就會令人反感。由於德國的殖民是近代化契機，而蘇聯卻妨礙了近代化，因此波羅的海沿岸三國（Baltic States）具有強烈的親德反蘇傾向。菲律賓親美反日，也是基於相同的理由。

在台灣，清朝洋務派官僚所推動的開放政策爲時短暫，有地理上的限制。台灣的「近代化」始於日據時代，這是不爭的事實。正朝向「近代」邁進時，日本戰敗，國民黨成爲統治者。國民黨政權採用偏激的政策，禁止台灣人使用母語和日本語，這也使國民黨政權相對地讓人有不好的印象。

雖說歷史不可能有「如果」，但是如果統治者不是日本，而是法國、英國或美國統治台灣，而她的統治帶來近代化的

契機，那麼台灣人給予好評的對象就不是日本，而是這其中某個國家吧。「近代化」一語道破老台灣人的心事。

如今「後現代主義」大行其道，「近代化」的確可能給人一種時代錯誤的感覺。不過，中華民國國父孫中山先生也還是中國「近代」革命之父，到現在還是中國人尊敬的對象；由此可見，在進入二十一世紀的今天，近代化的意義也還沒有完全喪失。

就這層意義來說，《台灣論》作者及日本右派人士和漫畫中的台灣人之間，在解讀歷史時的世界觀與角度有很大的差異與齟齬。只不過日本右派人士偏偏就因為「看起來好像對戰前的日本有好評」這一點，而誤解了台灣人，把和日本的左右對立無關的台灣人捲進他們的爭端中。

關於慰安婦的問題，許文龍的發言的確不太妥當。可是既然台灣人和日本右派人士，對包含這個問題在內的日本統治評價有不同的觀點，就算碰巧說出相同的話，意思也完全不一樣，必須冷靜地加以檢討。這不算是肯定日本的殖民統治。殖民統治是不對的，正因為不對，所以不可以把被統治的老台灣人和過去的加害者（日本右派人士）混為一談。

（原載於3月10日自由時報）

小林《台灣論》媒體戰評議

江冠明／東華大學族群關係與文化研究所碩士生

台統媒體的發難攻擊線

聯合與中時兩報於去年十二月底發動第一波小林《台灣論》批判攻勢，不幸懂日文的統派大將戴國煇過世，無法領軍建立反日論述。兩大報動員各大學與學術單位教授助陣喊話，也因隔鞋搔癢抓不到重點而棄甲避戰。旅日求學的鄭寶娟雖然媚俗地喊出台獨人士陰謀的書，但是立論偏頗如潑婦罵街言不及義。第一波攻勢只是戴帽子人云亦云批小林是右派份子，最後草草下場，唯獨中時東京特派劉黎兒與聯合特派陳世昌能以新聞專業記者素養，持平報導並介紹該書與作者背景，但是中時聯合兩報基於台統的言論立場，卻爲不約而同地同時以全版版面報導與批判《台灣論》，作了免費全版的廣告宣傳，替小林與前衛出版社省下二千萬的宣傳費。

台灣統派看不懂日文，一直等到今年二月底中文版出書後，中研院研究員朱德蘭領軍第二波攻勢，以慰安婦砲轟該

書及書中議論人物許文龍，立委馮滬祥以焚書抗議拉高政治鬥爭氣勢，配合輿論的支持與隱匿在外交、教育、內政等機構的台統官僚進行圍剿，企圖殲滅小林善紀《台灣論》。在TVBS電視與飛碟電台誇張的渲染下，一時間慰安婦哭泣的鏡頭和聲音征服台灣輿論，台統迅速部署全軍兵力圍剿《台灣論》，試圖殲滅小林反中國反統一的論述。

台統媒體戰略攻勢

起先，統派媒體輿論加上焚書坑儒取得優勢佈局與攻勢，兩日內社會輿論全面導向批判《台灣論》。台統忽略媒體運動戰的游擊縱深策略與後援攻擊部署，雖然能夠聯合兩大報與廣播電視媒體發動輿論全線攻擊，但是不能在三日內取得決定性的戰略目標，就會面臨彈盡援絕的危機。去年12月底第一波攻勢不懂日文也無能回應，參與評論的台統學者無法對小林論點提出正面攻擊，而全軍潰敗。第二波抓住慰安婦漏洞全力反撲，雖然抓住語病猛攻，但是無法擴大對小林《台灣論》的縱深攻擊。台統押著老弱婦孺上火線作戰當砲灰，慰安婦議題具有阻絕台獨兵力反擊的嚇阻作用，許文龍兩天不回應使台統陷入找不到敵人的危機，圍剿台獨攻勢又陷入迷失戰場的混亂中。

台灣媒體的報導特質是三分鐘熱度，換言之，三天焦點新聞就要撤版改新聞議題，因為部份台灣記者的膚淺與愚昧

無法作深度分析報導，只能搶新聞標題湊熱鬧，尤其是電視新聞記者的庸俗愚昧更是可見，慰安婦新聞的泛政治化報導正好見證記者們的缺失。僅持三天的慰安婦攻勢，加上焚書行為終於引起獨派與自由派反彈，各報輿論版左右統獨一時議論紛紛。觀察兩大報與電視緊密的攻勢，與來自各界的回應，顯示統派政界、學界、教育界、媒體界和行政官僚界的全面串連，《台灣論》的批判攻勢已經達到沙漠風暴全面作戰的趨勢，一時間批評許文龍的議題有如風聲鶴唳，甚至上綱到要求日本政府道歉的外交的議題。表面上，這是近年來台灣統獨論戰中，台統全面打壓台獨的勝利場面；甚至透過慰安婦事件風波要求泛政治化的抗議訴求。

可惜的是，同時也令人訝異的是小林《台灣論》主要批判的中國與中共的霸權論點，或者關於李登輝觀點的論述，這些是統派學界政界最敏感最具有恨意的論點卻隻字不提，只抓著慰安婦的小語病攻擊小林，暴露台統完全沒有游擊縱深的戰略，無法擴大戰果與戰場，甚至台統對台灣反統一的論點毫無辯駁與反擊的能力。由此可見，未來台統的言論空間與場域，會慢慢萎縮瓦解。

慰安婦告一段落後，學者尹章義立即綁起白頭巾與幾位原住民青年抗議《台灣論》偏頗，這是第三波媒體攻勢。也許是連日慰安婦議題的新聞奔波，台統媒體編輯記者們已經疲累不堪，或者議題部署準備不週，再者原住民不像慰安婦那麼容易操控，於是原住民抗議《台灣論》攻勢一發動就受

挫，未引起任何回應，第二天抗議新聞就無以爲繼。台灣原住民族群中反日抗爭偏重泰雅布農兩族群，台統找了親日的卑南族群發言有點文不對題，這是暴露台統彈盡援絕與準備不週的現象。

躲在弱勢者褲襠下的批判

令人質疑與難料的是統派對《台灣論》的攻擊，居然只落在慰安婦與原住民兩個議題，對於小林《台灣論》的種種議題反而避之不提不論，暴露台統文化媒體戰毫無整體戰略計畫與階段目標的危機。媒體表面上，慰安婦風波風聲鶴唳如火如荼，實質上台統反台獨的論述到了山窮水盡彈盡援絕的慘境。統派知識份子不敢針對小林《台灣論》書中的主題直言批判，只敢躲在慰安婦的裙子下喊話，或者依附在原住民的褲襠中控訴，統派論述的批判力悲慘到這種地步，愈加彰顯台統失去論述能力與場域的事實，更暴露媒體攻勢與理論後援攻擊不足。由於台統份子對台灣史的輕蔑與不足，其文化論述僅止於三民主義課程中的中華民族論述之膚淺與幼稚程度，台統知識份子不敢正面迎戰小林《台灣論》，淪落到躲在弱勢者「慰安婦」與「原住民」的裙褲下叫囂的醜態。

觀察慰安婦新聞風波中，估計聯合與中時兩報四、五天連續版面，又替《台灣論》增加免費的八千萬宣傳費，使《台灣論》變成知名度排名第一書籍。兩波輿論連環攻勢中，

台統媒體替《台灣論》創造一億的宣傳價值，更引起台灣民眾注意《台灣論》的存在，恐怕這是台統份子始料未及的事。幾年來台統知識份子寄身在兩大媒體與電視，假借輿論勢力打壓台獨論述，製造假象輿論扭曲事實輿論等不勝枚舉，台灣社會不自覺而無從批判，這次台統傾巢而出全面攻擊暴露其隱匿組織與人力資源，讓台灣社會認識到統派掌控媒體輿論的真相。最慘的是，報社媒體的統派記者編輯刻意製造輿論，不僅陪葬兩大報輿論的公信力，也使兩大報社淪為統派工具的污名。

泛政治化的黑名單污名

當《台灣論》成為本年度爭議性最高的名書，內政部又扯出禁止小林入境的醜劇，愚昧的內政部審查委員們誤以為在媒體高分貝的渲染下，不敢以獨立判斷而屈居虛擬的輿論力量下，集體同意禁止小林入境，創造解嚴後的黑名單污名事件。禁止「小林入境」的黑名單事件，對於解嚴後台灣民主化發展留下史無前例的污點，對阿扁政府的民主政績更是強烈的諷刺，更衝擊國際對台灣人權與言論自由的評價。但是從統獨鬥爭的角力來看，能夠操控內政部審查委員會以集體通過的能力來看，同時能夠跨教育與內政兩部門遙控政策決議，台統隱匿在政府部門的實力不可輕估，同時台灣統獨意識微妙的鬥爭關係。

　　內政部委員們不僅疏忽台灣社會民主常識，甚至不顧台灣解嚴後對民主自由與言論自由的政治文化發展，竟然在民主體制下做出反民主的決議，可見在輿論壓力下，媒體輿論可以逼迫政策的扭轉，甚至違反民主精神。就禁止《台灣論》作者入境一事，雖然內政部的理由是怕引發抗議事件，這種政治判斷與決策，遠比核四與油污事件政治衝擊更加嚴重百倍。值得爭議的是就台灣民主化，或就內政部長張博雅與其家族追求民主政治風範的歷史淵源而言，就一個有所為與有所不為的嚴謹政治家來論，由民進黨主政的內政部做出「禁止小林入境」的決議，此舉恐怕是台灣民主之恥，讓人不禁懷疑當今諸多政治家淪為政客，竟而隨波逐流的惡習，或者身為內政部長的張博雅有其難言之隱，甚至即使張博雅身為內政部長也有被架空的危機存在。

《台灣論》媒體風波的啟示

　　從各報社會輿論一連數日投書來看，起先統派批判假人權與同情的理由佔了上風。但是隨著《台灣論》的銷售拓展，讀者發現到該書對台灣的歷史批判有其獨到之處，印證國共兩黨統治歷史，慢慢轉向支持台獨論述主張，同時愈加暴露統派欲加之罪的政治目的。台統更錯估過去蔣政權對台灣自由言論的壓制後遺症，提出《台灣論》禁書焚書之舉，試圖用激進手段操控輿論與政治情勢。然而當街焚書坑儒的

霸權行為與論調，反而激發民眾的民主意識，同時也讓台灣社會聯想國民黨戒嚴時期的白色恐怖與禁止言論自由，尤其是焚書與警總燒書的景象聯想，最後使整個消滅《台灣論》的反台獨行動陷入畫虎不成反類犬的窘象。

台統忽略台灣總統民選時，中共總理江澤民對阿扁發表那種打壓與蠻橫的言論與姿態，激發台灣人意識轉而支持阿扁政權。台統操控媒體窮凶惡極的言論攻勢與姿態，也如同江澤民的言論刺激台灣人閱讀《台灣論》的心理，當讀者逐漸傳出《台灣論》有些道理、有些內容的評價時，圍剿的氣焰開始崩解，甚至迅速瓦解。台統發動焚書禁書之舉這種反民主反自由言論行為，反而激發台灣社會的自覺意識，不料統派企圖乘勝追擊，在教育單位與內政部門積極動員圍剿提出「禁止入境」，更加刺激到台灣人的民主意識，這些幾近抗議手法反而逐步敗露逐步挫敗，台統反台獨的氣勢最後也到了窮途末路，小林《台灣論》媒體戰也到了尾聲。

《台灣論》媒體風波的貢獻

《台灣論》媒體爭議的結論是，第一點是，台統媒體與政客們的圍剿《台灣論》，反而提高《台灣論》的讀者群，擴大《台灣論》的論述視野。第二是，台統的「焚書」讓台灣社會認識到《台灣論》的言論自由立場，同時也確保統派反台獨的自由言論立場。第三是，「禁止入境」這樣反民主政策，

也同樣會出現民進黨當政內部的決策，可見民主制度的學習與涵養需要更長的時間。第四是，統獨論戰過程中「言論自由」是肯定的，包括台統菁英們的焚書都是一種「言論自由」的表態，但是民眾在如此激烈「言論自由」鬥爭中學習到「我不同意你的論點和思想，但是我同意你有發言的言論自由」。第五點是感謝中時與聯合兩大媒體與電視媒體記者們熱烈激情地演出，這是台灣媒體言論自由化的一場「官場現形記」。由此可見，小林《台灣論》給台灣帶來一次世紀初的媒體啓示錄，告訴台灣人，什麼叫做「言論自由」。

（原載於新台灣周刊259期）

你的中華民國在哪裡？
——再論民主台灣豈容開歷史倒車

阮銘

　　陳水扁總統會見魏京生時，毫不含糊地表示，他必須捍衛中華民國憲法所保障的言論自由，唯有保障並且維護言論自由，才是眞正的民主自由國家。

　　說得對！對於每一個眞愛台灣、遵守憲法、珍惜自己生存的這片自由民主國土的國民來說，這是不說自明之理。然而翻開報紙，討代自由之聲依然不絕，幾位作者還引用法國大革命時羅蘭夫人臨上斷頭台前的遺言：「自由自由，多少罪惡假汝之名以行。」而且討伐的重點，則是「維護國格」比「擁抱自由」更重要。

箝制言論自由即是敗壞國格

　　所謂「維護國格」，早已是極權國家專制統治者壓制人民自由權利的一句濫調。對民主自由國家來說，言論自由（即表達個人思想、理念、主張等等的自由）是絕對的，言論自

由本身就是民主自由國家的國格，箝言論自由就是敗壞國格。在美國曾發生焚燒國旗之爭。燒國旗損害國格，應當禁止嗎？最高法院判決焚燒自己購買的國旗屬於個人表達意見的方式，不得禁止。道理很簡單，在這方面的任何倒退，都是滑向暴政和奴役之路，可以滑到中國文革時期不小心拿印有毛澤東像和五星紅旗的報紙擦屁股就拉出去槍斃的地步。那振振有辭的罪狀，不正是損害共產中國的國格與共產黨領袖的絕對權威嗎？在二十世紀，假「國格」之名比假「自由」之名所行之罪，要嚴重得多，魏京生本身就是受害者之一。

更重要的問題是：那些「國格」論者真的在維護中華民國國格嗎？辨別真偽之法，只要問一句「你的中華民國在哪裡？」台灣人的國家認同，不外三種狀況：

第一種，真認同。絕大多數台灣人，包括幾萬年前、幾千年前就定居在這裡的先住民、原住民，幾百年前、幾十年前陸續渡海而來的老移民、新移民，大家一起開拓了這個共同的家園，這片共同的國土。然而幾百年來，台灣人沒有成為自己家園的主人。台灣人掙扎在一個接一個外來政權統治之下，主人不斷替換，台灣人有反抗、有鬥爭，但一次又一次遭屠殺、遭鎮壓，如魯迅所說，處於「做奴隸而不得的時代」與「做穩了奴隸的時代」的輪迴之中，到二十世紀末，才結束了外來政權，台灣人終於成為自己開拓的這個家園、這片國土的主人。

中華民國在哪裡？在這裡！在台、澎、金、馬三萬六千

五百平方公里國土之上！認同自己開拓的這個家園、這片國土，認同國家主權屬於開拓這個家園、這片國土的兩千三百萬國民，就是真認同。

第二種，不認同。典型代表是2000年總統候選人李敖，他不承認自己競選總統的這個國家是主權獨立國家，他說「中華民國已經滅亡」。他也不承認自己在參與一個國家的總統，他說：「正因為發生國不國的問題，所以它的總統定義，也不宜拘泥在政治學上的定義，事實上，它只是『中國台灣的領導人』的別名而已。」（《洗你的腦、掐他脖子》146-147頁）他坦言他若當選，「先出賣台灣，再把中國買回來。」怎麼買法？李敖說，他要去向江澤民談判，「中華人民共和國這國名太長，可以簡稱中華民國」。

李敖不認同國家，壞得透明

競選期間李敖天天在學校、在電視台、在出版物中自由發表不認同自己國家的言論，敗壞國格了嗎？沒有。敗壞了李敖自己！他以0.13%（16782票）的超低得票率，打破總統直選得票率最低紀錄，恐怕今後也難有人能打破他。而台灣呢？在紐約「自由之家」對全球192個國家自由度評比中，被提升到第一等「最自由國家」。

第三種，虛擬「認同」。他們與李敖不同。李敖可愛之處是壞得透明，不認同自己的國家就說不認同；要賣台就說當

選後要賣台，所以輸也輸得光明，還給台灣的自由度加了
分。

虛擬認同者還打一耙罵人家

虛擬「認同」者則不然，自己不認同生存的這個國家，
這片國還倒打一耙罵人家「不認同」、「敗壞國格」。他們玩
的唯一把戲，是虛擬出一個囊括大陸的中華人民共和國和蒙
古共和國在內的「中華民國」，再逼別人「認同」他們虛擬的
「中華民國」。這個騙局其實早被唐飛在立法院揭穿過。大家
該還記得那回中世紀的「宗教法庭審判」：

—你是什麼人？

—我是台灣人。

—你是不是中國人？

—我是中華民國國民。

—你認同中華民國憲法嗎？

—我認同。

—你認同「一個中國」嗎？

—認定「一個中國」不實際，你把中華人民共和國放在
　哪裡？

中華民國有效主權及治權行使以台、澎、金、馬為範

圍，我國領土不及於大陸及外蒙古，因爲欠缺統治的事實！

　　這裡審問者是立法委員，受審者是國家政權和平轉移後首任行政院長唐飛。唐飛十二歲從軍，從空軍幼年學校、戰鬥機飛行員到空軍總司令、參謀總長、國防部長，他不比這些審問者更清楚他要保衛的中華民國在哪裡？難道教他去認同幾百枚飛彈瞄準著這裡三萬六千五百平方公里國土、兩千三百萬國民的虛擬「中國民國」即實體共產中國才叫「維護國格」？維護那個虛擬「中華民國」國格，就是毀滅這裡實體中華民國台灣。

　　中華民國有自己的歷史。今天的國民各自經歷的是不同的歷史時期，對歷史有不同的認識，對中華民國這個國號有不同感情是很自然的，可以從容研究反省。但面對產山國那邊的軍事威脅和統戰陽謀，誰是這片國土、這個家園的開拓者、保衛者，誰眞正認同自己的國家、維護自己的國格，是容易識別的。只要睜開眼睛，小孩子也看得出那虛擬的「中華民國」，不過是安徒生童話中「國王的新衣」。誰以爲憑這襲子虛烏有的「新衣」就能「有效消融九十年代末期以來蔚爲主流的台灣意識、台灣主體、台灣主權論述」，開民主台灣的歷史倒車，未免太低估了台灣人民的智慧。

　　　　　　　　　　　　（原載於3月11日台灣日報）

中共政界咬耳朵，統派媒體當寶

唐詩／台灣日報記者

　　媒體昨揭露傳言因許文龍在《台灣論》發言不當，中共可能勒令奇美關廠，但這項訊息一直無法被證實。事實上，中國的兩會——人大、政協每年三月召開時，也正是中國黨政界蜚短流長、消息四處亂竄之時。

　　每年此時，各省市數千「精英」齊聚北京人民大會堂，光是提案就不知凡幾，儘管中共仍視傳媒為工具，言論自由尺度緊縮，但來開會者為「引起話題」，吸引媒體注意，四處散發提案吸引人注意，非正式一點的，或藉座談會大放厥辭，或藉私人場合向傳媒露風聲。

　　像全國人大代表、台盟天津主委蔡世彥建議：「在完善社會保障制度的同時，應逐步解決清欠問題，做到舊帳、新帳一起算」，他也批評養老金發放，企業自籌部份常常托辭「沒錢」了事，這類「建設性提議」倒沒什麼，也符合改革開放的大蠹。

　　但更多一票「民意代表」則是隨口說說，反正不牴觸共產黨教條，也算「為人民服務」，事實上也不會有事，消極一

點，歌頌改革開放，但最好是用力唱衰「國家罪人」、「民族罪人」，這一點，倒是和近來的台灣的立法院有像，兩者堪稱兄弟。

據了解，昨天奇美關廠的訊息，主要是來自中國的人大代表、政協委員，在日前批判《台灣論》會後的私下談話，雖然搞不清楚誰放的砲，但效應沒擴大，中南海也懶得理，何況這類「愛國者」的效忠舉動，還頗得領導班子欣賞。「評估有害國家形象」？「澄清」？老人們、鬥爭中的新貴們，看來都沒有這個閒工夫。

在結構性的縱容下，兩會成員論及「台灣問題」時，中國政治「損人不利己」、「你死我活」的精神也表現得淋漓盡致，在每年僅有的一次大拜拜上，促統、唱衰台灣、妖魔化台獨樣樣來。不知台灣媒體，特別是統派媒體在撿訊息、發獨家，輕輕鬆鬆爽歪歪的同時，是否曾以台灣利益為本，發揮追根究柢的精神，認真思考過？

（原載於3月11日台灣日報）

怪不得金美齡不承認R.O.C.

戴正德／中山醫學院教授、台灣教授協會會員

　　國策顧問金美齡的一句：「我不承認中華民國」，又點燃了在野立委的怒火。它在小林善紀的《台灣論》所引發的辯論之餘，又刺傷了不論國民黨當政時期或今日民進黨政府都一樣感受到的痛處。為什麼呢？因為一個只為了鞏固特權，另一個則在得到政權之後，修正了先前為台灣開創萬年契機的理想。

　　「中華民國是不是國？」在台灣的老百姓也許覺得這個問題既荒謬又多餘，這個國家不是活生生地鼎立在這裡嗎？然而旅居外國多年的人，一定會感受到這個國雖然存在於台灣，不過在國際上卻被視而不睹，因為它沒有斬斷過去與開創未來的意願與決心，而只想活在漂浮苟且求生之中。因之，在國際政治舞台上，中華民國是不存在的。這個有國之形也有國之實的中華民國，就因為中國的名字已被別人所登記註冊而被判為非法，是故不被承認。這個國家之痛，只有在海外流浪多年的人才會感受得到。怪不得熱愛台灣鄉土的台灣海外居民，很多人都會投入台灣的建國運動。雖然這個

運動，目前因阿扁的擁抱中華民國而有式微的情況，不過我們一定不能以為獨立運動的逐漸失去號召力，就表示中國民國已命運回流，不再是國際上被拋棄的孤兒。中華民國並不因阿扁喊了「中華民國萬歲」而死裡逃生又欣欣向榮了。

「中華民國存在嗎？」的問題是台灣人生死存亡一個最重西的關鍵，可惜扁政府把精力全擺在與台灣國家生死存亡不是最重要的議題上，消磨寶貴光陰，使台灣能獨立自主的機會日愈渺茫，誠為可惜。一定有人會說，中華民國的存在，哪裡有問題？我們出國旅行時，不論哪一個國家，不都接受我們的護照嗎？這個表面上看起來好像國際上已經接受了中華民國的事，其實除了與我們有邦交的少數幾個小朋友與黑朋友外，全不把我們的護照看成是代表有主權之國家的護照，而只是一張旅行紙而已。

他們給我們的簽證不是都蓋在另一張紙上，再貼上去的嗎？換句話說，他們沒有把簽證簽在我們的護照上，因為他們不承認發這個護照的國家是一個主權獨立國家。我們的護照充其量只是一個旅行文件而已。一個國家淪落到這種地步，不是令人痛不欲生嗎？

中間路線者說，別人不承認我們，我們自己承認自己，別人又能對我們怎麼樣？不過國際政治是詭譎多端的，不像個人的自我肯定，能棄別人於不顧地自我陶醉，中華民國如果只有我們自己承認，到頭來我們就會被國際的現實巨浪所沖毀。國民政府時代愚惑了國際視野短缺的台灣人民，阿扁

卻繼承了這個欺騙人民的伎倆，高呼中華民國萬歲去了。中華民國是不是一個國家是政府與人民必須全心加以面對深思的。

《台灣論》雖然侮辱了某些人，但歷史的陳述應由歷史學家去判斷，統派人士卻借題發揮，把它國家意識型態化。很多人以為這是一種愛國的表現，但對一本無學術價值與國際說服力的漫畫，花費那麼多的社會成本與時間，人會令人覺得台灣的水平太膚淺了。被統派人士牽著鼻子走還不自知，反以為愛國，誠令人感嘆！也許在於我們的深心底處好像有個異常的沈痛需要別人的肯定，但得不到這個肯定的時候，就會歇斯底里發作了。

今天的巴勒斯坦人不是住進了巴勒斯坦了嗎？而且也有了自己的政府，為何他們還一直去追求建國呢？今天我們也有自己的國土、政府與人民，但當世界160個以上的國家都不認為有一個中華民國的存在時，我們就必須覺醒了。在國際政治的殘酷下，中華民國是沒有國格的！怪不得金美齡不承認它。台灣的國格如何確定？不要以幾句口號，高喊「中華民國萬歲」來自我滿足，用鴕鳥式的心態來自我陶醉，只會步上毀滅之途。要獨嗎？就勇敢地大步向前，教育人民獨立的必要性與迫切性，並製造新國新民的氣氛，培養台灣情操。要統嗎？定下時間表，回歸中國去吧！不要再模稜兩可，玩弄文字遊戲，用統合論來欺騙人民，更不能朝令夕改，只會擁抱幽靈的虛有物。希望台灣當前的領導人與人民

不要再自我陶醉，趕快覺醒去面對統派壓力，建立一個新又獨立的國家。猶太思想家Hillel所說的：「不現在就做，還要等到何時呢？」

（原載於3月11日台灣日報）

台商應從中國打壓奇美事件中
得到教訓

自由時報社論

在《台灣論》事件中備受統派政客與媒體攻擊的奇美實業董事長許文龍，據稱中國為了「懲罰」許文龍的台獨思想，國台辦已正式批文下令奇美在中國鎮江的石化廠停工。消息來源更指出，關閉鎮江的兩個廠，算是對許文龍台獨思想的強烈正式反應，接下來還會對許文龍在中國的其他龐大產業有進一步刁難動作。此一消息的真偽目前尚難證實，但中國從台灣大選後，以政治手段企圖影響台商的政治立場，間接操控台灣政局，已是非常明顯的跡象，類此蠻橫霸道、不合文明社會法則的統治手段，在當前台灣一片中國投資熱中，特別值得警惕與省思。

許文龍在本屆總統大選中支持陳水扁，就已引起中國當局不悅，去年四月八日國台辦副主任李炳才提出警告說：「個別台灣工商界領袖一方面在島內支持台獨，另一方面又在與大陸的經濟活動中撈取好處，大陸絕對不允許這種作法。」

當時奇美實業在江蘇投資的工廠就傳出被中國方面以查帳、環保爲名百般刁難；最近許文龍在《台灣論》中被引述的話，被中國當局認定有搞「文化台獨」的意圖，而將他定性爲「背叛民族」，乃傳出中國內部強硬派主張關廠，不再讓許文龍投資，以彰顯中國反台獨的立場。

平心而論，在台灣這個民主的社會，許文龍的政治立場爲何，以及《台灣論》所牽扯出來的是是非非，不管其他人是否認同，其言論與思想的自由是受到憲法保障，不容他人予以剝奪。這就像部分台灣政客與媒體雖然口口聲聲捍衛「中國民國」，事實上認同的對象是以北京爲代表的中華人民共和國，所以當中國對台發動導彈演習時，這些人不僅悶不吭聲，還出版了一些「暗示」中國如何武力犯台的書，裡應外合，恐嚇台灣人民，但他們的言論還是受到法律的保障，並未受到任何的壓迫。這種統獨、左右兼而有之，百家爭鳴、百花齊放的言論與思想自由，就是十多年來台灣民主改革所建立的最寶貴資產。

所以，中國當局因爲不滿許文龍的政治立場，而有意對其在中國的投資施以關廠，進行經濟懲罰的作法，不僅讓生活在民主社會的台灣人民感到匪夷所思，它更暴露出中國威權統治的獨裁本質，與崇尙自由市場的民主制度之間，存在著無法調和的根本矛盾。這也是吾人在社論中之所以一再苦口婆心、不厭其煩呼籲政府，在中國未放棄武力犯台之前，不能開放戒急用忍、開放三通、反對產業與資金外移中國的

重要原因。

獨裁與民主本不能相容，台商到中國投資，必然冒著法律制度不完備，行政權高於一切的風險，更何況中國又有併台野心，台商到中國等於面臨了「獨裁政權」與「敵對政權」的雙重壓力。台商到中國投資的風險較其他國家的商人多了一層，但其草率的風險評估與一窩蜂的盲目心態，卻又令審慎的外國商人望而興嘆，難以理解。中國因發展經濟的需要，所以百般拉攏台商，即使「縣長幫台商捧洗腳水」亦在所不惜。然而一旦中國壯大，軍事武力愈來愈強，企業的生產技術、行銷管理、研發能力提升之後，台商的利用價值被榨取而光，就會遭到棄若敝屣的悲慘命運。

尤其嚴重的是，台商不斷投入資金到中國設廠，原以為政經可以分離，可以在政經的夾縫中求生存，殊不料，這種想法經許文龍事件後，已證明是非常幼稚的幻想。許文龍不過是在台灣本地的選舉中，主動站出來支持特定候選人，而在《台灣論》中所說的話，亦只是個人所見所聞，並不是以在中國投資的事業贊助民運人士或法輪功，因此不管其立場與行為如何都是台灣內部的事務，跟中國毫無關連，如今竟因其在台灣的言行而受到警告與懲罰，顯示出中國未來必會利用經濟制裁手法控制台商，達到以商逼官的目的。所謂商人只管賺錢，可以免除政治干擾的政經分離想法，未免太過一廂情願。如果，中國懲罰許文龍的目的可以得逞，勢必食髓知味，則台商到中國投資愈多，中國操控台灣政局的能力

就愈強，中南海將會成爲台灣政壇幕後的藏鏡人，這是何等可怕的事實。

　　台灣經濟面臨空前未有的衰退困境，政府理應大力改善投資環境，排除非經濟性因素的干擾，讓產業願意根留台灣，以解決日益升高的失業率，而不是本末倒置，在部分紅頂商人、統派政客、媒體的壓力下，一再檢討如何更開放廠商到中國投資。投資中國即使有短暫的利益，將來亦必因政治風險而遭到更大的損失，亦即部分特定企業可能得利，但失去的將是台灣的整體經濟利益與獨立主權。許文龍事件絕非個案，它反映出中國對台灣的眞正意圖，與專制政權的野蠻本質。如果國內的政商人士還不能從這一事件中得到教訓，那台灣的沈淪就無可避免了。

（原載於3月11日自由時報）

誰能告訴我：為什麼？

張國財／國立新竹師院副教授、台灣教授協會會員

誰能告訴我：為什麼？在國民黨主政時，他是讓中華汽車起死回生、反敗為勝的林信義；他是媒體大力吹捧的「台灣的艾科卡」；現在，雖然換了一個黨當家，林信義可沒換姓改名，只不過換了一個跑道，也只不過對國民黨大力推銷的核四說不而已，就變成若干立委口下的「經濟破壞王」了？變化，可真快、真大。問題是：林信義的經濟理念有了一百八十度的大轉變，還是有人因人廢言，價值標準建立在黨同伐異上？

誰能告訴我：為什麼？同樣一個中央研究院院長李遠哲，先前在立法院時飽受禮遇，為陳水扁競選總統挺身而出後，馬上變成若干立委叫囂的對象？中研院經費由多年一毛未刪到擱置、屈辱，時機，可真巧、真玄。問題是：中研院的預算編列有重大改變，還是立法委員把共產黨拿手的鬥爭戲碼搬到台灣國會上演？

誰能告訴我：為什麼？同樣一個關心政治的諾貝爾化學獎得主李遠哲，一年前總統大選時，儼然為台灣良心的指標

人物，是各路兵家爭相拉攏、爭取認同的對象，為什麼選後，連戰的酸葡萄語「諾貝爾獎得主也沒什麼了不起」就出籠了，「不務正業」的立委也開始譴責李院長「不務正業」了？科學家走出研究的象牙塔，走入人群，希望社會能往上提升，不要向下沈淪，是「服務」的範疇，還是「不務正業」？

誰能告訴我：為什麼？《台灣論》風波未起前，奇美許文龍的管理哲學各界是津津樂道；許氏日以釣魚、音樂為樂的生活方式各界是引為美談；現在，許氏的生活步調沒變，卻因統派人士的煽火而被貶得一文不值兼一無是處。

變化，可真可怕、真煽情。問題是：許文龍只表示根據他個人所訪問的慰安婦，得知她們並不是被強迫的，這種存在性的說法，在邏輯上是站得住腳的；許氏就人論人、就事論事，都沒有「以偏概全」的犯意，反倒是把許氏的談論故意扭曲成「所有的慰安婦都是自願的」，這種人，才是如假包換的「以偏概全」呢！

請注意：在小孩送或賣人當養子、養女盛行的年代，有苦命的女孩被狠心的父母賣去當慰安婦，悲慘是悲慘，不幸誠不幸，但是，只怕是不爭的事實。

再請注意：這些被父母賣掉的苦命女孩，和當年台灣被父母由中國賣給日本，本質上有所差別嗎？

誰能告訴我：為什麼？小林善紀二百多頁的《台灣論》中，只佔一頁篇幅的慰安婦言論「傷害我國家民族尊嚴」（內

政部次長簡太郎語），1996年台灣總統大選時，中國的文攻武嚇、導彈試射、軍事演習就不傷害我國家民族尊嚴？中國當代國際關係研究所朱書龍日前口出「神盾艦售台，中國導彈伺候」的狂言，就不傷害我國家民族尊嚴？中國一個芝麻綠豆小官到台灣作客，東道主不是主動遮住青天白日的旗幟，就是被逼舉行「降旗典禮」，斯時也，捍衛我國家民族尊嚴的統派立委，你（妳）在那裡？內政部次長簡太郎先生，你又在那裡？

誰能告訴我：為什麼？被中國官員吆來喝去而噤若寒蟬的人，見到中國領導者就自動矮三分、搖尾乞憐的人；反倒有資格斥責熱愛台灣的許文龍，傷害我國家民族尊嚴，為什麼動不動就喊愛台灣的政客，不少赫然出身於製造黑名單的舊政權？為什麼開口台灣、閉口民意的政客，或本身坐擁雙重國籍，或將子女拚命往美國送？

誰能告訴我：為什麼？二二八事件的元凶，終其一生是榮華富貴，與屠夫殺手無直接關係的李登輝、陳水扁倒先後代表政府向二二八受害家屬道起歉來？為什麼元凶是中國人，該道歉的反倒是台灣人？

有太多的為什麼，最後且請教「前中國人」高行健，你為什麼不願當中國人，而要當法國人？為什麼？為什麼？

（原載於3月11日自由時報）

一個中國，內外有別。
愛台灣，內外有別？

王幸男／立法委員

　　廿一世紀第一個二二八紀念日前夕，台灣爆發《台灣論》事件，在媒體與少數政治人物的推波助瀾之下，整件事由言論自由層次無限上綱爲民族主義、愛不愛台灣的議題，至今仍延燒朝野不能平息。少數政治人物近乎歇斯底里的激烈批判，與陳總統參加二二八追悼會，在和平肅穆的氣氛下發表「只有了解才能超越悲情」的談話，兩個場景對照，眞是極大的諷刺。

　　歷史眞相從不曾因爲部分的觀點不同而被扭曲，反而更能拼湊出全貌；那麼少數政治人物對於《台灣論》的激烈反應到底爲何？持平而論，如果一本原先畫給日本人看的日本漫畫，因爲被翻譯到台灣就抓狂至此，連作者都被相關單位禁止入境，比較現階段「日本」與「中國」對台灣的敵對程度：日本只是不友善、非邦交國，而中國可是台灣的「敵對國」！那麼逐一檢視某些「親中人士」的言論，並要求政府

禁書禁人，不是更符合台灣的國家尊嚴與民族情感！但這符合現代民主國家應有的作為嗎？

有些人也許要說《台灣論》的事件傷害「國家尊嚴，民族情感」，嚴重侮辱台灣人，因此必須嚴正駁斥。然而，較諸於對岸經常喊打喊殺的言論，已經不只侮辱台灣人，而是「立即而明顯的危險」的恐嚇，哪一種比較傷害「國家尊嚴與民族情感」，其實已不言而喻。吊詭的是同一批人，對中國的文攻武嚇噤若寒蟬，從來不敢「嚴正駁斥」，反而將矛頭指向島內，指責領導階層對中國不夠臣服。某些人心目中誓死捍衛的所謂「國家尊嚴與民族情感」，其內涵是什麼並不清楚，這是他們的價值判斷，原則上應該予以尊重，然而筆者要強調的是，世界上唯一要武力併吞台灣的只有「中國」，面對敵對國家的武力威脅，「國家安全」不正是唯一應該誓死捍衛的底線嗎！對於歷史上「過去式」的敵國，某一個漫畫家的著作，百般仇視，亟欲去之而後快；而面對「正在進行式」中國侵略言論，卻充耳不聞，寬容以待！這種價值錯亂，真令人不知今夕是何夕。

台灣的確是個悲哀的島嶼，不僅因為歷史的悲劇性格－被殖民統治、高壓統治百年，直到最近十幾年才稍獲喘息，但中國虎視眈眈，將以武力併吞的威脅，仍無處不在。面對這一個強大的敵人，台灣島內先來後到的住民卻因為錯綜複雜的歷史糾葛，以及國家認同的「原鄉情結」（1949年來自中國的新移民－本來以反攻大陸收復中國為念，後轉為與中國

統一的夢；以及曾經受日本殖民統治的「日本台灣人」——
遭受同文同種高壓政權而導致的國族認同破滅，轉而尋求台
灣獨立建國），彼此無法諒解，團結一致對外。這些歷史背景
與個人經驗的不同，因緣際會交錯在台灣島上，一直對立至
今，再加上政治人物為了自身利益，不斷地挑釁刺激彼此心
底深層的痛處，分化台灣族群，激化意識型態衝突，由《台
灣論》的事件看來，這一道歷史最脆弱的「傷口」，歷經五十
幾年仍未能癒合。台灣先來後到的各個族群需要的是互相諒
解與包容，少數政治人物在廟堂要求所有台灣人對於日本侵
華的歷史，要有同仇敵愾一致對外（日本鬼子？）的同理
心；然而，他們對於經歷殖民統治與國民政府高壓統治的老
一輩台灣人，卻從未用「同理心」予以諒解與包容；無論主
張統一或獨立、親中或親日甚至親美，都是台灣人民現實的
政治光譜，也是台灣特有的國家認同問題，只要合法的、非
武力的推動該政治主張，都是被容許，而且應該被尊重。

　　筆者不願從所謂政治鬥爭的角度來評論這個事件，但
是，看到少數政治人物在關於《台灣論》的發言場合，聲嘶
力竭地大喊「捍衛台灣人的尊嚴！」卻不禁覺得毛骨悚然，
因為，也是同一批人在立法院對阿扁政府的內閣咄咄逼人的
質問：「你是不是中國人？」答曰：「我是中華民國的國民」
竟然也不合其意。追究中華民國的忠誠義務與國家認同是對
公務員的基本要求，金美齡的言論固有可議之處，然而，頂
著中華民國的國策顧問的「名器」主張「台灣獨立」，至少是

要維持台灣的主權完整；與之相對者，頂著中華民國國會議員「名器」，公開鼓吹「一個中國原則」，公然與敵國唱和，又該當何罪？在中國的「一個中國」原則之下，他們要如何堅持中華民國是一個主權獨立的國家，維護所謂「國格」？「中國」究竟表示哪一個國家，全世界都心知肚明，更何況是內閣成員在國會殿堂的答詢，具有中國的血統、文化的人，並不必然是「中國人」：華裔的「新加坡人」、華裔的「世界各國人」、華裔的「中華民國人」，均為著例；如果陳水扁承認自己是中國人，難不成他就變成「中國總統」？然事實上，世界上十二億多的中國人，從沒有機會透過自己的手選舉過「中國總統」，那麼，強迫「中華民國」的元首陳水扁承認自己是「中國人」，到底是什麼意思？舉世皆知，「中華人民共和國」的「一個中國」政策是內外有別的，注意朱鎔基在中國兩會的政府工作報告絲毫不提錢其琛比較緩和的「一個中國──新三句」即可尋出端倪，而中國民運人士魏京生近日來台也提出警告，台灣切莫接受一個中國，應該和中國立於對等談判。少數政治人物鼓吹政府接受「一個中國」到底目的是什麼？中華民國≠中華人民共和國（簡稱中國）應該是台灣人的基本認知，也是「中華民國（台灣）」在面對「中華人民共和國（中國）」這個敵對國家應該堅守的底線吧，連這一點基本的堅持都要放棄，等於要台灣人舉手投降。少數政治人物講的「維護台灣人尊嚴」只針對「日本」，從不針對「中國」，也是「內外有別」的！如果這些堅持「一

個中國」的「愛台灣的人」是這個意思，那麼，請「說清楚、講明白」！

（原載於3月12日台灣日報）

奇美案不只是單一事件

林朝億／台灣日報記者

蒙古有一個寓言：蒙古人祖宗阿蘭豁雅夫人的五個兒子不和，她將他們找來，每個人分給他們一支箭，要他們折斷；他們輕而易舉地就折斷了。然後，阿蘭豁雅夫人將這五支偷合起來，叫他們去折，五個人輪流折，卻沒有一個人可以折斷。許多民族裡都有類似的寓言，講的道理都相同，團結就是力量。

奇美公司鎮江廠是否真的被勒令停工，消息尚未明確。但是不管如何，從近年來中國政府在處理外商在中國投資的案例來看，國人或政府皆不宜僅僅將此一案例當作是單一事件看待，而必須以國家力量，配合國際條約、多邊組織等國際規範方式，藉解決單一事件的方式，協助我國廠商在國外投資可能面對的政治不確定因素。

但是「團結」是很難的。國際著名的政治經濟學者歐森曾經提出一個「集體行動邏輯」的理論。他的論述是，在一個理性、自利的行動者假設下，透由個人去爭取公共財的行為，是不可能的，因為如果是公共財，大家爭取到了都可以

享受得到，爲何他要自己努力去爭取呢？用個簡單的用語形容：「三個和尚沒水喝。」幸好，人類文月發展史證明，歐森的理論不一定永遠正確。從一次世界大戰以來，不管是政治上的國際聯盟、聯合國，國是經濟上的關稅貿易總協定、世貿組織，越來越多的個人與國家認爲，國際社會上需要一個「讓大家一起挑水喝」的機制，而這些機制也被創設出來，越來越有力，這是人類文明進步的結果。

　　現在奇美案的問題，不應該被導向要求所有台商共同站在一起，將奇美趕出去，一起自私，自掃門前雪；或是將奇美請進來，一起受難，一起謀求公共財的兩難。而是，既然台灣要國際化，雖然我們的起步比較晚，經驗也比別人少，甚至不是聯合國或是世貿組織的會員國，我們還是應該藉用別人努力的結果，也就是國際仲裁、協商的既有機制，透由政府有意義的參與，將奇美或是未來可能發生的貿易、投資糾紛，提升到整個國際貿易、投資多邊架構下來思考。因此，政府有義務去創設一個類似於美國貿易代表總署的機制，當我們的小孩在外面被打了、被欺負了、權利受損了，不是因爲他是國策顧問、資政，或是挺扁、反扁集權，大家有公平接近政府資源的機會，大家都有平等權利要求政守在敵當時機，採取某些適當方式加以保護。

（原載於台灣日報3月12日）

惡鄰與惡靈

王崑義／資深新聞工作者

論戰與統戰，都是一場不流血的戰爭，它們對台灣社會均曾達到某種分化的效果，尤其是當兩者合流，對台灣更帶來另一種傷害。

一本《台灣論》，在台灣激起一場歇斯底里的大論戰，在愛恨交織、口沫橫飛的相互攻擊之下，整個台灣社會彷彿變成一座野蠻叢林，每個人都陷入一種被分化的危機中而不自知。

在「一個中國」的原則下，中國不斷祭出統戰的策略，拉攏在野黨、孤立執政黨，在盛情招待之後，在野黨的地方官員可以因此忘了我是誰，回來後竟然大刺刺的使性子，砲口轉向攻擊中央官員，造成我們內部的對立性。中國就看準陸委會高層沒有幾個像樣的「中國通」，於是以統戰的手法，讓地方官員在大陸吃香喝辣之後，回來堅持要跟中國「通」。

原本，日本人所帶來的「論」戰，只是一種歷史記憶中的虛擬意識，但我們卻在真實的生活中，拚戰不已。結果是《台灣論》的論戰氣氛被渲染，促成中國以民族主義的藉口進

行統戰分化，在論戰與統戰合流下，許文龍在大陸的奇美公司當然難逃厄運。

　　或許是因過去漫長的統獨論戰，台灣社會早已習於被「論」戰、被統戰，當我們的「遠親近鄰」不斷的發動不流血的戰爭，我們卻反而在親日、仇日，親中、反中的苦戀中進行一場樂此不疲的戰爭。

　　其實，不管是日本或中國，在歷史的記憶中，它們都是我們的「惡鄰」，沒有哪一個壞、哪一個比較不壞之別；同樣的，不管是小林或中國這個近鄰，它們對台灣現實生活都帶來一定的傷害，我們又何需讓它們變成每一個人心靈上的「惡靈」？

（轉載自3月12日自由時報）

《台灣論》出版外一章

胡文青／前衛出版社編輯

　　這是一件冒險的事，很可能也是一件讓人不禁要捏把冷汗的事，可是如果不趁著夢魘還未消退前將它記錄下來，那麼就會像惡夢驚醒後不復記得做過什麼夢一樣，也許一年後當我們在未來記述2001年的十大出版紀事時，是不是將只留下寥寥數語或者短短數行：

　　二○○一年二月份，日本漫畫家小林善紀《台灣論》中文本一書出版後即引起廣泛的爭議與討論，言論、出版自由於出版法廢止後，再度面臨嚴重考驗。此事件經由政治人物撕書、燒書，並強行制止書店販售的行徑，《台灣論》一書所掀起的風暴，儼然是台灣年度十大事件之一。

　　身為前衛出版社的一員，想要談論這本《台灣論》，無異是惹火上身，但是如果不寫下這個揮之不去的一幕影像，那麼一年後的出版史年度大事，真有可能就如前述的幾行形容字。又如果少了一次出版史上親身經歷的小小見證，這對五

十年後的歷史研究者，很可能會喪失其中一種少見的一手資料（媒體報導是其中另一種）。不過要小心的是，見證本身有主觀的情緒作祟、複雜的心理與情境因素，有時候也會掩蓋當時的某些局部狀況，你有你的需要，我有我的目的，就像我本身把這次的見證解讀為出版史上離題的政治行動劇一樣。雖然如此我還是儘量保持目擊者的客觀描述，還原歷史現場。

2月26日一早，前衛出版社接到管區警察先生的通知，立委馮滬祥將於十點前來前衛遞交「忠告書」。這是繼前一日激動演出撕書、焚書、強行制止書店販售《台灣論》的下一波行動。十點未到前，前衛出版社樓下已零散的聚集一些人，有採訪記者、有政治狂熱者，前衛的女性員工在進入辦公室前也都感受到一股不安的氣氛。

約定時刻未到前，前衛總編輯、我和另一位女同事下樓等待，現場已經有不同的狀況出現，兩行排列的員警全神戒備，更多的是記者們已蓄勢待發，我們雖有心理準備，但仍帶有一點驚訝，如果以人數計，這次的政治行動劇，人數最多的是媒體記者，其次警備員警則與廣大的一、二十個人馬（細目不及備載）不相上下，這齣劇碼即將上演，唯獨要角馮委員還未現身，我想可能一方面要照顧（或利用？）到媒體的採訪權，一方面則可以持續加溫、緊繃政治狂熱者的情緒，當然要過了十點才能出現。如此一來，不論是廣大的擁護者，或是謹慎戒備的一方，才會有足夠的沸騰能量，也才

有擦槍走火的演出可能，而媒體也才能在有限的空間下蜂擁而上。

　　稍後，馮委員已被麥克風團團圍住。站在台階的我，俯視這暖場戲，戲終於開鑼了。馮委員簡短說話、激昂慨陳《台灣論》的不是，可惜居高臨下，聲音傳送不到，這些話只能跳接到電視螢幕或廣播頻道上去聽了。事後一想才發覺，原來身歷其境也會有失眞的時候，在場有很多人聽不到，必須轉接到午間或晚間的新聞報導，而這些經過重新剪接與篩選的報導，會是以後我們的歷史嗎？

　　這齣劇的高潮就在前衛總編輯穿擠過護戒員警，手中接下「忠告書」的一刹那，閃光燈霹靂做響，如煙花般的撩眼，媒體從某個角度也親身參與見證了這場秀，不知道從這個角度的特寫觀點，與我從俯角的全知（？）觀點，是否會有不謀而合的相同點，還是，我們都在說謊。但是不可否認的，在現場的這些人，包括前衛三人、一個班排員警、媒體記者、廣大的一二十位群眾，以及剛好路過看熱鬧的人，都親眼目睹了這場政治行動劇。

　　不過爲了客觀起見，在此也應披露「忠告書」，這份文件將是出版史上極具參考價值的文獻，全文如下：

忠告書

　　茲因貴出版社之《台灣論》，很多內容嚴重扭曲歷史事實，污衊可憐的台灣慰安婦，並嚴重污衊台灣人的人格、污

辱台灣抗日先烈；尤其，作者小林善紀和許文龍，面對民眾公憤，非但毫無悔意，甚至自認「為台灣好」、「講公道話」，嚴重傷害人民感情，踐踏台灣人的尊嚴。因此為免今後引起更大公憤，尚請貴出版社不再出版這本著作，以慰廣大慰安婦可憐心聲，並平廣大民眾公憤，並慰廣大英烈在天之靈！

　　此致　前衛出版社

立法委員　馮滬祥
民國90年2月26日

　　政治行動劇有政治秀的意味和目的，在媒體的觀照下，達到了政治秀的目的，爾後就必須付之行動演出，員警早有準備以防這些人又把前一天燒書的戲碼拿出來演，滅火器早已備戰，不過在人馬雜沓中，《台灣論》似乎沒有起燃。此時，馮委員這群廣大的擁護者有的開始高唱反共抗日的軍歌，有人慷慨激昂高呼口號，更有人拿出備妥的日本旗道具，以一種人神共憤的姿態，激情演出撕旗的動作，如紀錄影片中，野生狗群撕碎口中的獵物，日本旗遭撕扯、踐踏、車輪輾壓，之後再插上樹幹懸首示眾，這齣劇最後才在員警的搶收下接近尾聲。

　　是的，這場行動劇隨著要角離去而結束，而我見證了出版史上難得一見的外一章，而絕大多數的人也透過媒體的報導、引導，並成為自身的局部感觀與印象。走筆至此，這篇

言論或我個人，很可能已被某些人打入不可饒恕的邪說異端者，不過我還是要強調，這次出版史上小小的見證，個人的主觀情緒雜揉起伏、複雜異常，但絕無唆使。你相信嗎？

（原載於3月13、14日台灣日報）

撩撥族群瘡疤的不是金美齡

陳儀深／中央研究院近代史研究所副研究員

　　三月九日中國時報時論廣場刊登陸蓉之教授的〈聖女貞德與慈禧太后的認同錯亂〉一文，認爲金美齡「認同錯亂」的根源是想要身兼革命份子和貴族兩種對立的身份，所表現的「冷靜與傲慢」就像台灣政壇上那些以天命自居的政治人物，該文質疑新聞媒體「是否有必要以特寫鏡頭對準一名思想光譜上相當偏極的境外人士？」因爲她「口沒遮攔，實際上是不斷刺激台灣全民隱忍的族群瘡疤。」陸教授的心理分析或有深入之處，但是對《台灣論》或金美齡風波的理解不免有因果倒錯，是非不分之嫌。

　　小林善紀的《台灣論》漢語版在二月中陸續上市以後，受到的批評打壓令人目不暇接：要求許文龍資政道歉，要求查禁該書、公然焚書要求書店不要公開販售、禁止小林善紀入境……打壓的策略是把慰安婦的片斷放大，訴諸政治的正確，連「幾個」慰安婦不是「遭脅迫被強行帶走」的描述也

不可以說。如果真是關心女權，那麼隨後被提出的中華民國軍中樂園問題，何以得不到那些人些微的關注？當初台北市政府堅持繼續發照給公娼，為何不見那些人出來追問娼妓「是否自願」的問題？

明眼人一看就知道這是一場歷史意識的戰爭。儘管小林善紀真正關心的是「日本戰後所產生的反戰和平思想、軍隊過敏症以及危機意識的低落，看來已經蔓延到行政的中樞！」（頁40）希望外務省能改變「眼前這種光拍中國馬屁的屈辱外交」（頁14），希望藉著來台見聞以幫助日本的年輕人「更了解日本」（頁22），但是他透過許文龍、金美齡、李登輝等老一輩台灣人的眼光所認識的，是「中國老師當眾吐痰的行止（頁19）、二二八事件「國民黨政權在一個月當中便屠殺了兩萬八千名以上的台灣人」（頁15），台灣四百年史當中影響最大的是日治時期的五十年，為台灣人帶來「守秩序、摒棄陋習、衛生習慣的萌芽、守時以及教育的普及等等……台灣人開始發展出中國所沒有的公德心與公共意識」（頁75），這樣的觀察角度和感情趨向，當然與戴國煇、王作榮之類的「揚中抑日」南轅北轍，兩相對照正好顯示二二八悲劇發生以來即存在台灣社會的兩種代表性、對立性的史觀。這種對立在學術上可以好好論辯、在生活上應該互相尊重。但是自從二月下旬以來，「揚中抑日」的一方一路追殺《台灣論》，就像1947年二二八事件發生前後，國府當局一直怪罪「日本奴化教育的餘毒」而決心予以清除一樣。是誰在撩撥族群瘡疤？

內政部做出禁止小林善紀入境的決定以後，按捺不住的金美齡才飛抵台灣展開反擊。早已沈浸在勝利氣氛中的「揚中抑日」一方不免感到錯愕，金女士來台第一天傍晚，我在台北就聽到一家新聞電台的主持人連「金蒼蠅」的字眼也罵出來了；其實金女士只不過把她數十年來一再講過的理念重複一遍而已，「時間不連續」的不是金美齡，而是長期一面倒的台灣主流媒體。內政部的決定貽笑大方，若有上級交代更是該罵（如果純從治安考量，也不必用這種粗魯的方式），金女士大半生為台灣奔走奉獻，也是有投票權的選民，這時候為什麼不能要求官員道歉？

最可笑的是，那幾位立委殺紅了眼，先扣上雙重國籍的帽子，等弄清楚金女士只有中華民國護照，遂又抓住「不認同中華民國」作文章，果真「愛國是惡棍的最後一塊招牌」，電視節目中有一位劉姓立委咄咄逼問金女士：當年王清峰率團去日本為慰安婦討公道的時候，你人在哪裡？其實金女士既不是政府官員也不是慈善團體，何必樣樣應付週到？真想建議她回答：九二一震災的時候，我捐兩百萬新台幣協助救災，你捐多少？

撇開歷史意識不談，李登輝擔任總統以來的基本情勢是：面對中華人民共和國的威脅，「中華民國」和「台灣」成了競合狀態，現實上必須攜手合作，並不是中華民國作為「國家」已經毫無問題。統派人士向金美齡「拷問」國家認同問題，如果不是暴露自己對歷史和國際法的無知，就是在撩

撥族群問題。

（原載於3月13日台灣日報）

奇美案是「現代吳三桂事件」

林朝億 / 台灣日報記者

「奇美關廠風波」被報導後，民進黨立委蔡同榮曾首先指出這是「現代吳三桂」事件。

自從三月九日晚間東森新聞報首度報導「台灣論餘波未平，中國勒令奇美關閉大陸廠」，隔日自由時報跟進，整個台灣新聞界瘋狂入追查是否屬實的情境。立委蔡同榮隨即於十日當天發出新聞稿指出，整個「奇美關廠案」，乃是統派台商搞的鬼。隔天，蔡同榮立委再度發出新聞稿表示，這不僅是台商搞的鬼，而且是台灣在野黨立委、統派與中國聯手「教訓」本土企業在大陸投資的有計畫行動。他將展開一系列動作，與全民一起來抓這些「現代吳三桂」。蔡同榮指出，這個消息是他向府院高層查證的結果。

據了解，這個「現代吳三桂」的新聞操盤手法是：先是由在野黨立委向媒體私下透露，為了取信於記者，他們還提供了部份在中國投資台商的姓名、電話，以供進一步查證；在媒體查證時，統派台商則證實，現在奇美鎮江廠的確非常

的慘，因此回頭證實了奇美可能面臨關廠的命運。蔡同榮辦公室人員表示，相關單位對於放話、查證及統派台商等，都有一定程度的掌握。

事實上，台灣總統大選過後不久，也就是2000年4月8日，中共中央台灣工作辦公室，國務院台灣事務辦公室副主任李炳才在回答當前兩岸經濟關係發展時即曾表示，「一個中國原則是大是大非問題。在原則問題上我們是絕不會妥協退讓的。即個別台灣工商界的頭面人物一方面在島內公開支援『台獨』，為『台獨』勢力張目、造勢，鼓吹『繼續』分裂祖國的所謂『李登輝路線』，影響極其惡劣；另一方面又從與祖國大陸經濟活動中撈取好處，這是絕對不允許的。」（引自新華社）這也是中國官方第一次提出此類說法。隨後即傳出曾經擔任國政顧問團的台灣企業宏碁、奇美、大陸工程等在中國投資企業受到中國官方、地方政府騷擾。宏碁集團負責人施振榮還被迫於CNN專訪時表態，他不支持台獨。

如果蔡同榮立委的指控屬實，則整個「奇美關廠傳聞事件」不僅是自導自演，而且還符合幾個要項，讓假新聞可以繼續發酵下去：第一：中國是個人治的社會，要搞什麼，誰也沒有把握；第二、中國官方曾經做過類似的政策宣示，讓這個假新聞有了政策依據；第三、中國中央對於奇美事件的曖昧、火中取栗態度及中國不透明的媒體環境，讓事件有發酵的縱深及寬度；第四、消息來源提供了不明確、且稀少的查證管道，讓媒體紛紛陷入恐慌、害怕獨漏的情理情境，不

得不跟進。然而，雖然台灣媒體環境統派人士居於優勢戰略
地位，在野黨立委也在立法院中占絕大多數地位，在整個奇
美關廠傳聞中，卻是不敵台灣人民對於法治與經濟自由的理
念。

（原載於台灣日報3月14日）

中華民國的尊嚴與國格何在？

侯榮邦／現代文化基金會董事

　　3月7日台灣駐日代表羅福全先生返國述職，這次專程返國無非是因《台灣論》引起風暴而應統派立委的要求，出席立法院外交委員會接受質詢。羅代表除了報告近來日本的政治情勢及台日關係外，特別接受新黨立委馮滬祥、謝啓大等的質詢。正在日前國策顧問金美齡女士公開明言自己是台灣人不是中國人，也不承認「中華民國」，因而逼到在野聯盟的圍剿。

　　馮滬祥委員滿腹憎恨未消，在質詢中以傲慢的資態對長期被列爲黑名單的名人羅福全代表謂，居於國家要職的羅代表效忠國家愛國愛民理所當然，既然如此應該會唱我們的「國歌」，並要求羅代表當場唱「國歌」（中華民國的國歌）給他聽。羅代表神情無奈地高唱了幾段，然後馮委員要求羅代表唱「國旗歌」，羅代表唱了一段就唱錯了歌詞，立即爲馮委員制止，儼然如同老師在教訓學生，且透過電視媒體鮮明地呈現在民眾的眼前，讓我覺得羅代表逼到莫大的委屈，眞是

情何以堪。

依照馮滬祥的邏輯，會唱「國歌」的國民就是愛國，否則就是不愛國，那麼全國人民除了一小部份未受中國教育的人以外，可以說大家都愛國。事實如何呢？何況所謂「愛國」一詞也有問題，難道台灣人心裡所愛的國家是「中華民國」嗎？

國策顧問金美齡女士為了政府禁止《台灣論》作者小林善紀入境，專程返國召開記者會譴責當局的愚舉而捲起了「金美齡旋風」，尤其她公開聲明自己不承認「中華民國」而引起軒然大波，如今仍持續發酵，圍剿與撻伐之聲不絕於耳。

試看現今「中華民國」被拒參與聯合國乃因1971年「中華民國」被聯合國驅逐，其合法的權利義務已被中華人民共和國所繼承，因此「中華民國」已經在地球上消滅了，一向被大中國主義政客所崇拜的「蔣公」不是也曾說過「中華民國已經滅亡了」嗎？「中華民國」本來在日本、韓國等大使館擁有的龐大資產完全被中華人民共和國所繼承就是最具體的明證。如今「中華民國」除了利用金錢以換取中南美洲及非洲等二十幾個小國的邦交外，有哪些較具規模的國家承認它呢？

再看持「中華民國」的護照（車輪牌）辦理外國的簽證時，多數國家其手續不勝其煩，緩不濟急，甚至也有被拒於國門的情形。

現在台灣已進入貿易大國之林，台灣的各種製品暢銷世界各國，其商品無不標記Made in Taiwan，所以，反而不知「中華民國」的存在。甚至你若貿然說自己是「中華民國」的國民，則很容易被誤認為中華人民共和國的國民而不受歡迎。

據說有不少偷渡日本或不法居留的中國人（中華人民共和國人）在日本社會成群結黨，構成幫派，走私、販毒，無惡不作，擾亂日本社會的治安甚大，因此日本新宿區歌舞伎町一帶的PUB或SNAK也常發現掛有「帶寵物客人與中國人請勿入店」的牌子，使一些中國人不敢自稱為中國人。

如同大家所知，大多數與台灣沒有邦交而有經濟與文化交流的國家都設有代表處，但是不准使用「中華民國」的名稱，例如美國則使用「台北經濟文化協會」，日本則使用「台北駐日經濟文化代表處」。是否因為台北市是「院轄市」所以使用台北名稱？如果是的話，那麼同為「院轄市」的高雄豈不是也應該設立「高雄經濟文化協會」或「高雄駐日經濟文化代表處」呢？

再看奧運會也不准使用「中華民國」的名稱而使用「中華台北」，「中華民國」的元首不能以私人的身份到沒邦交的國家旅遊，連過境也曾被刁難。但是在這次的《台灣論》風暴中，許文龍先生與金美齡女士的言行卻被包括統派代表性人物宋楚瑜、馬英九與馮滬祥、謝啓大等統派政客及媒體大肆撻伐，譴責其有辱「中華民國」的尊嚴，有損「中華民國」

的國格。其實如同上述，「中華民國」的尊嚴與國格早已喪失殆盡，如今仍毫無建設性地強調「尊嚴」與「國格」，實令人費解。

在這裡筆者要來點破這些封建反動的大中國主義思想的統派政客之心態，即他們長期以統治階級自居殖民台灣，豈料今日民主改革政權輪替，台灣人搖身一變成為統治者，這對他們造成很大的衝擊，心裡失去平衡，不情甘意願地接受台灣人的統治罷了。

（原載於3月15日台灣日報）

外省人族群運動的新危險

——黑暗史觀下的行動

宋澤萊／台灣新本土社成員、台灣中社成員、台灣作家

《台灣論》的風波一直到今天仍未結束。在此一過程中，許多的宏論都出現了，就封閉與開放，就壓制與民主，就中國意識與台灣意識，都提出了新義，實是一場全民思想盛會。

我卻總被一些外省中國人的行為所吸引，譬如說焚書、毀書；電話騷擾許文龍的公司，拒買奇美產品……等等這些行為。的確，我觀察外省族群運動已五年以上了，還沒有發現外省族群有過這麼多攻擊行為，去年以前，運動極富生命力，我們可以感受到外省族群不斷團結、組織、壯大的力量，族外的人也會產生一種讚佩。但2000年前後，穩健力量沒有了，變得十分急躁、粗暴、欠缺策略，而開始找人攻擊了，第一次是李登輝被包圍淋紅墨汁事件，第二次是媒體對呂秀蓮的造謠攻殺，這次則是許文龍。攻擊的人是絲毫不理會對方的痛苦的，大抵將他（她）當成無生物一樣地踐踏，看得令人膽戰心驚。

這種攻擊行為，可能只是一種挫折（frustration）的反應，但也可能成為族群運動的下階段特徵，我認為將會把整個族群運動帶向破壞面。

由於是純攻擊，所以理性面不見了。做為族群喉舌的聯合報和中國時報並沒有討論比較深的話題，也沒有自省到族群的自我歷史意識問題，整個運動都是白費力氣的洩憤。

好比說縱容記者及撰文者，把許文龍單純化成日本人的附屬，施予民族仇恨式的攻擊，而且姿態很高，又恢復到兩蔣時代的恐怖審判，沒有任何撰文者，願意真的去瞭解許文龍和台灣歷史。這種單純化的認定就是為攻擊行為做鋪路工作，本來外省人對台灣人就充滿誤解，例如李敖就把台灣人說成：「你們活在台灣，全得拜你們祖先的智慧之賜，當日本人的太陽旗在台灣飄起之時，你們祖先舉白旗下跪投降，才有台灣的今天。」（見2001‧3‧13‧阮銘文章）這種忽略台灣抗日史的簡單化認知，會使誤解加深。事實上台灣人不純然這麼單純的，真正的許文龍也不是日本的附屬，這些需要討論，也正是外省人急切需要認知台灣的部份，卻沒有討論。又比如說，現在的外省族群有必要概括性地承接自鴉片戰爭以來中國人所受的屈辱嗎？也沒有反省。我認為沒有必要一體承受，那是很重很重的壓力，會使人發狂的。可惜有些論述仍然使用五十年來，國民教育的那套近代中國史觀，排外心很強，意識黑暗封閉，沒有出路，對外省族群的後代絕無好處，仇日、反洋、退化、固著，沒有一點點昇華

（sublimation）的作用，本來族群就已經非常灰色，現在倒又加重了黑暗。我看不出，這些族群的喉舌有什麼智慧。

要緊的是，攻擊已成為現在族群運動的新方向，我不忍坐視情況轉趨劣面，先提警告，倘若情況再惡化下去，打殺的行為就要出現。在義和團式的囂鬧中，一定會出人命！

（原載於3月17日台灣日報）

誰挑起族群情結、統獨對立？

侯榮邦 / 現代文化基金會董事

在這次的《台灣論》風暴中，被一部份大中國主義政客及統派媒體砲轟的焦點人物即為總統府資政許文龍先生與總統府國策顧問金美齡女士，其謾罵所用的言語為「媚日份子」、「日本奴」、「日本軍國主義的代言人」等，其中以「日本軍國主義」一詞是這些人最喜歡也最頻繁使用的言語。

二次大戰的軍國主義

無疑的，在第二次大戰中為征服亞洲擴張版圖，對東亞各國發動侵略戰爭，並喚出所謂「大東亞共榮圈」的口號，當時的日本的確是一個典型的「軍國主義」，也是「帝國主義」。

二次大戰後，日本被美國占領，而現在日本的和平憲法是當時根據美國的意思制訂的，即美國代理日本制訂的，事隔五十餘年，從來未曾修改。日本憲法第二章放棄戰爭的第

九條規定：「放棄戰爭，否定軍備及交戰權」。日本國民誠實希求正義與秩序為基調的國際和平，永久放棄以國權發動戰爭，以武力威嚇或行使武力，以為解決國際紛爭的手段。為達成前項的目的，不保持陸海空軍及其他的戰力，不承認國家的交戰權。

後來自民黨政權鑑於防衛國家的安全，不能沒有國防，乃創設「自衛隊」，但因礙於憲法嚴格的限制，遂將自衛隊的陸海空軍中的陸軍稱為「陸上自衛隊」、海軍稱為「海上自衛隊」、空軍則稱為「航空自衛隊」，絕對不敢使用「軍」這個字眼。又因聯合國憲章規定會員國都有共同維持世界和平的義務，並要求安全理事會的理事國需要更大的貢獻，長年來局部的國際紛爭不斷，為了解決這些紛爭，聯合國創設「國際和平維持軍」。日本曾當過任期二年共八屆的聯合國安全理事會的理事國，應該非參與該和平維持軍不可，但是國會與輿論均認為依據日本的和平憲法第九條的精神，不能夠參與「國際和平維持軍」。經過一番論爭後，以參與和平維持軍的「後勤工作」而達成協議，可說是妥協的產物。尤甚者，過去日本社會黨與共產黨一直指責「自衛隊」的創設屬於違憲的行為，到1993年長期報政的自民黨失去江山，社會黨參與細川護熙政權的內閣以及1994年，由自民黨、社會黨與先驅黨共同成立聯合政權，社會黨黨首村山富市被推選為內閣總理大臣後，逐漸分裂成極少樓黨，甚至改名稱為社民黨，如今已不堅持「自衛隊」違憲，僅剩共產黨仍舊堅持其為違憲。

如同上述，現在的日本絕對不是「軍國主義」國家，雖然未臻完善，仍然可稱爲名副其實的自由民主的國家。可是在《台灣論》風暴中大中國主義政客馮滬祥、謝啓大等一口咬定日本爲「軍國主義」，統派媒體亦然，未知這些人是「無知」或是「扭曲」？不管如何，實不損身爲「中華民國」的立法委員。

統派政客是罪魁禍首

試看馮滬祥、謝啓大等大中國主義政客及統派體嚴詞譴責總統府資政許文龍與總統府國策顧問，蓄意挑起族群情結與統獨對立。其實台灣論一書共有270頁，其中許文龍氏有關「慰安婦」的談話只占2頁而已，可窺其故意斷章取義、小題大作、誤導民眾、人心惶惶。如果的因爲「慰安婦」問題挑起族群情結與統獨對立的話，其罪魁禍首是馮滬祥、謝啓大等統派政客與媒體，而不是許文龍先生與金美齡女士。平心而論，請教這些人曾經何時關心過台灣的「慰安婦」問題，關心過台灣人舊日本兵的補償問題？

雖稍偏離本題，讓筆者順便在此介紹一下所知的關於台灣人舊日本兵的補償問題，遠在蔣介石政權與日本還有邦交的時期，日本政府曾經幾次要求與蔣政權交涉有關上述的補償問題，若當時蔣政權適時予以回應，應該能與日本人或其他被害的國家一樣，獲得合情、合理、合法的補償。蔣政權

為什麼不及時與日本政府進行交涉該補償問題？究其主要原因約有兩點：

（一）戰後日本人在台灣留下龐大的資產（日產）均被國民黨擅自據為私由變成「黨產」，該「黨產」在清算補償時須被扣抵，這麼一來「黨產」務須交還給人民。

（二）台灣人舊日本兵在大戰中算是蔣政權的敵軍，也就是敵人，在情結上，將政權不情甘意願為吆灣人爭取補償，討回公道。

現在三十歲以上的台灣人或許還記得在1948年12月26日，原住民中村輝夫（五十五歲，台灣名李光輝）於終戰三十年後，在印尼摩露泰島的原始林中被發現而救出。他是台灣人舊日本兵卻遭受日本的冷遇，輿論群起譴責。同年12月31日，在日本的台獨聯盟召開緊急記者會，發表抗議聲明指出，日本政府不給中村輝夫精神與肉體上的休養，迅速決定送還台灣，誠屬無人道的措施，並明確表示以此問題為契機，今後將為全面解決台灣人舊日本兵補償問題，積極展開運動。

台灣聯盟在幕後主導成立「台灣舊日本兵補償問題思考會」做為推行運動的母體。宮崎繁樹教授（明治大學前校長）被推選為首席代表，王育德教授被推選為秘書長。「思考會」除了對日本政府與國會請願及陳情，街頭連署活動外，於1976年8月，以鄧盛為等為原告，自由人權協會的秋元英明為律師團長，向東京地方法院提出補償請求訴訟；而且為探討

立法的途徑，於1977年6月，促使「台灣人舊日本兵補償問題等議員懇談會」由台灣出身的有馬元治眾議員擔任會長。

1982年2月，東京地方法院對補償請求下了駁回的判決，主要理由為舊日本兵已失去日本國籍，故須透過政府間的交涉始得解決問題。1984年2月，高等法院維持一審的判決，駁回上訴。惟裁判長（庭長）在判決中異例附言「期待國政關與者克服小交上、財政上、法技術上的困難……以提高國際信譽而盡力」。

台灣人要自己的國家

1987年9月，依據議員立法「關於對台灣人舊日本兵軍屬的戰死者遺族及重傷者與遺族的弔慰金支付法案」在日本通過而成立。「思考會」成立開始運動以來，整整消耗十三年，終於獲得一分成果。迄1991年底，約二萬八千人，每人一律接受弔慰金二百萬日元的支付，因此日本政府總共付出五百六十億日圓。但是，這只不過是弔慰金而非正式的補償，正式的補償還需要依據國家間的交涉，因此只有等待台日建立邦交後始得實現。以上提供我們台灣人一個很重要的訊息，即台灣人必須有自己的國家走入國際社會，始得確保台灣的國土，保障台灣人生命財產的安全。

（原載於3月28日台灣日報）

《台灣論》與金美齡現象

劉黎兒／中國時報駐日特派員

　　因為聲援小林善紀為了《台灣論》而遭禁止入境問題而返台的金美齡，幾度在台灣形成新的媒體焦點，甚至演出「金美齡現象」，即使台灣媒體喜新厭舊十分嚴重，但是預料金美齡效果如同在日本一樣，至少可以持續一段時間，對於反日派或是親日派、統派或是獨派的得失尚未可知，但是這段期間將會忠實地反映出台灣人對於「日本」愛恨情結，其實也是台灣人在國民黨教育下長年培養的價值觀的掙扎與漏洞，暴露台灣四、五十歲一代的知日派的短缺，因此即使有人想反擊金美齡或是小林善紀時，也只能運用很模糊的概念以及既有的意識型態，反而誇大金美齡等的存在，因此是反金美齡或是《台灣論》的媒體造就了新偶像、新現象。

　　另一方面這幾年「新台灣人」、「新中間路線」等大融合政策下累積的族群意識的壓力，也藉著對《台灣論》或是金美齡的批判或是擁護而獲得一些釋放、紓解，不能說是全屬負面的，鬱卒的統派及獨派均藉此提高聲音，因為假裝沒有

族群意識的存在，是無法真正解決族群問題的；但是如果將這次的《台灣論》風波或是金美齡現象單純化為統獨現象，則又是太小看五十多年來國民黨價值的力量，獨派方面也同樣犯了擴張敵人的錯誤。

同時在討論金美齡或是《台灣論》中出現的人物如李登輝、許文龍或是蔡焜燦等時，除了缺乏文化的座標之外，也缺乏歷史的座標，除了忘記這些人的文化經驗與戰後受國民黨教育一代的不同之外，也忘記了因為是無奈的歷史讓在台灣的人有各種不同的日本經驗，以及統獨意識的差異，因為缺乏歷史的同情，所以彼此難以容忍。

長年以來，在國民黨反日價值觀的教育之下，受過日本教育的老一代在過去五十年中背負了相當沈重的原罪，也在這次《台灣論》風波中一舉爆發出來，他們以台灣保留有「奉公守法」等理想中的日本精神為傲，他們是依據自己的經驗來肯定日本的殖民，而且最為明顯的是他們即使明知會遭各媒體圍剿，像即使小林善紀已經表示「慰安婦出人頭地」等不是許文龍說的，許文龍還是要說他自己的體驗，這些老人家寧願挨打不願說出違心論，這其實也是他們所受的日本教育的一環，亦即所謂的「誠實至上」的價值觀作祟，如果不是對日本當年所施行的道德教育有了解，則會以為他們只是為了爽快說出不同於反日者的意見而已。

因為其實人大抵都是根據自己的經驗發言，這些經驗或許也有偏差，像慰安婦的案例是有相當多的情形，其中或許

有原本為私娼而從軍者，但是大抵是因為當時日本政府及軍一聲令下的動員，結果各地行政、警察等均加以配合，強制性的程度，的確每一個個案可能程度不同，而且有關慰安婦問題的確在日本是在一九八九年才開始突然有人提起，在此之前即使是外國慰安婦人數佔最多的韓國，政府或是民間在戰後一次也沒提起過，有關男子遭徵用為兵為苦力的問題則一直是問題，但是慰安婦問題本身的受到矚目的歷史非常淺，目擊慰安婦遭強制抓走的證言的確也未出現，因此才會有許文龍等表示自己並未目擊此事等情形。

慰安婦問題是戰爭時的強制性暴力下的悲劇，當時的確是組織性的軍需的一種犧牲，日本政府應該為此道歉及賠償，不過因只是說「慰安婦」，時代的大前提雖然一樣，但是其內容及狀況相當不同，有諸多情形，其實難以一言以概之，在台灣是很有條件好好客觀來研究當時真相，不過因為有關慰安婦運動這麼多年來，雖然有不少人奉獻、努力，但是另一方面也成為某些人士的政治資本或是成為反日的道具，因此常常必須在運動本身或是原慰安婦阿媽的處境之間有一些掙扎，此外，此一問題涉及「國家對個人」、「男性對女性」、「性暴力的加害與受害」等各種對立模式，因此只要一提出來，便難以冷靜，像男人不便開口，同為女性者更是只能有一種立場，加上此一問題從四年前起便與南韓等進行國際串連，所以台灣已經喪失了獨自來思考、追究此事的機會。

當然這並非台灣的慰安婦運動者的問題，日本戰後對於有關戰時加害行為的承認，大不如德國，也因此至今日本在亞洲的地位完全不如德國，日本與亞洲各國要建立信賴關係相當不易，而且不僅是慰安婦問題，其他關於歷史的認識，因為日本史家在戰後缺乏和各國史家對話的努力，因此對歷史的認識差距愈來愈遠。

台灣原本是在歷史認識上對日本較為寬大的，不過日本卻沒有因此對台灣比較客氣，像台灣從未要求日本對台灣道歉，結果日本便從未為了強制徵用台灣男孩去當兵等而道歉，因此或許有些人想主張慰安婦問題有不同的側面或是可以有不同的解決對策，但是日本的做法卻一直難讓人出面為他說話。

反日的價值觀在台灣是根深蒂固的，像凱蒂貓會引起反彈，麥當勞本身卻安然無事，東京狄斯奈樂園進園最多的外國人便是台灣人，但是沒有人批判，哈日不行，但是如果台灣的經濟力足而像現在日本年輕人一樣去哈法、哈義可能就不會有問題，因為戰後五十多年哈美就從沒有人抱怨過；反日的底子再加上這次碰到了完全無討價還價餘地的慰安婦問題，也點燃了此次《台灣論》問題，敢於向這些已經成為台灣禁忌廝殺的金美齡也就因此一砲而紅。

在一片批判《台灣論》或是李登輝等人媚日的聲音中，批判者最大的困境就是對於日本或是他們想援引的韓國文化的認識不足。

首先，批判者往往分不清所謂「右傾（保守派）」與「右翼」在日本有很大的不同，動輒稱小林等人爲右翼，日本右翼團體有一定組織，在日本警方還都登記有案，像登陸釣魚島建燈塔的「日本青年社」，便屬於右翼無誤，是有實際行動的，像六四十週年時出錢請吾爾開希來日本到中共使館前抗議的也是右翼，小林或是金美齡均算是右傾的文化人，他們是靠一些保守的媒體的支持，如產經新聞、文藝春秋、小學館或是扶桑社的雜誌等。

其次，小林等右傾的聲音在日本算是少數的聲音，因此他們才必須聲嘶力竭地吶喊，藉著誇張的漫畫來凸顯他們所想喚起日本人注意的，日本戰後大部分的媒體以及教育界因爲出於對戰爭的反省而瀰漫相當濃厚的左傾思想，這幾年因爲日本不景氣加上社會、政治上問題重重及無力感，所以右傾思想出現反彈的契機，小林是拿台灣爲材料來提醒無須爲認同而苦惱的日本人身爲日本人的驕傲。

小林善紀是純粹民間的漫畫家，他並非日本政府授意或是資助的對象，因此他的漫畫中對慰安婦問題有不當的描寫，其實只是他個人的問題，但是各界卻要求政府對日本抗議，還由行政院長出面來抗議，並由駐日代表處去向日方抗議，這不但是爲了安撫反日者濫用外交牌，與中共沒有兩樣，像中共還知道小林畫漫畫與日本政府無關，而是要求日本政府能否禁止小林的書出版，還不至於要求日本政府爲了小林的書而道歉的；日本政府是應該爲了慰安婦問題而道

歉，但是如果是因為小林的書而要求日本政府，則慰安婦問題算什麼，是誰在對慰安婦問題做政治利用呢？

　　小林善紀表示自己做夢都沒想到在異國的台灣會變得如此有名，這和金美齡一樣都要感謝媒體將其膨脹、抬高。

　　小林讓行政院長出面向日本抗議，這實在是太抬舉小林，硬將小林與日本政府畫等號；小林表示像韓國長年為了反日，只好不斷擴大醜化日本，因此在韓國人心中的「日本」的存在反而變得非常巨大，與實際的日本差距很大，因此許多韓國人為此矛盾痛苦。

　　這種擴大醜化日本而出現失控困境的現象，其實也出現在中國大陸，中國大陸的歷史教科書幾乎在現代史的部份完全是反日教育，所有的篇幅都用來描述日本帝國主義的侵略，尤其近年因為要將與其對台主權合理化，將日本侵略中國的歷史回溯到甲午戰爭，但是在此同時，日本的次文化，如動畫、日本偶像劇等，也開始在大陸流行，大陸年輕人現在也出現同樣的矛盾。

　　台灣更是明顯，同一電視台，在新聞時段或是新聞台播出批判《台灣論》或是批判許文龍等的報導，但是接下來不是日劇便是模仿日本的節目，媒體本身的多元化，早已不是媒體所能控制的，就像有的電視叩應節目自以為整了金美齡，但是因為金美齡日式美感的打扮，與在日劇中出現的高雅的老婦人其實有相當類似之處，因此也才會讓她一上節目便能提高收視率，其中包含了台灣近年來對日劇的親近感，

這種吃香的原因或許是金美齡本人都未料到的，否則她說的中文或是台語的精彩度遠不如她的日語生動活潑。

過度高估對手的問題是被批判的一方也有的傾向，像許多台灣意識強的人士馬上將對《台灣論》的批判歸諸爲統獨之爭，而忽略了有些人主張台獨的人也反小林，不是反小林者皆爲統派，而是國民黨教育下的長大的台灣人，對於小林書中濃厚的日本民族感情，在生理上就很難接受，對日本感情的分裂現象，幾乎存在大部分台灣人的心中，但是另一方面現在每年有一百萬的台灣人到日本旅遊，日本的形象已經愈來愈難以過去的價值觀來套牢。

批判者還有些困境，像對於韓國爲何反日的文化及歷史背景一無所知，因此只能含混地說「韓國能反日，爲什麼台灣人這麼媚日！」而以此來責備台灣人，這個句子應該是以問號來收尾而不應該是驚歎號，不同的文化及殖民統治後的歷史境遇也不同，當然會造就不同的日本觀。

批判者的問題還包括因爲對於日本的陌生，因此無法從像金美齡在日本台獨運動史的定位或是她在日本言論的鷹派程度等來蒐集金美齡的資料，因此許多媒體雖然是想要金美齡，但是真的完全不是對手，結果反而讓她變成媒體追逐的焦點；金美齡是1934年生的，因此她經歷的日本殖民台灣的經驗相當有限，她的日本經驗是戰後的日本經驗，這段經驗是台灣最爲缺乏的，因以除了極爲少數的人之外，在談日本經驗等，她是不會輸給誰的，這是她的優勢，可是她的批判

者尚未發現這點,而且用慣用的粗疏的手法,像有些批判者自己坦承「沒有看過《台灣論》」或是「只是翻過」便展開批判,當然是很危險的。

金美齡在1961年和已經列在黑名單的台獨運動家周英明結婚而連帶被列入黑名單,讓她有三十一年無法返台,這也是一種特殊的歷史背景下產物,讓她完全有不同於在國內生活的人的觀點及生活藝術,這些相異之處成為她最大的賣點,她的「獨」的立場,這些年在台灣已經淡化,甚至她的衣箱也成為焦點,這是國內任何一位六十七歲的官太太或是董娘所無法得到的待遇,這些好奇心也是歷史及文化差異形成的。

獨派是歷史產物,統派也是,如果沒有歷史座標而只有統獨座標,每個人只有一種定位,但是台灣的歷史經驗及教育經驗太特殊了,只有一種定位是難以解釋一些現象的,每個人其實都比想像中的自己更複雜,從《台灣論》及金美齡現象中,或許反映了自己的一些思惟模式,更能客觀地認清自己。

知日的人愈來愈稀少,所以更不應隨意便掀起反日風潮,讓知日者噤若寒蟬,彷彿會日文者有罪,因為知日者不多,所以即使想批判小林等都會弄錯方向,這次的教訓不是很清楚嗎?而且太過於一邊倒的批判,與實際的人心乖離,才會讓不同味的金美齡一夜成名,這不是金美齡所能控制的,也不是媒體能控制的,長久以來媒體評論多於報導,讓

讀者或是觀眾累積了相當多的不滿，金美齡的出現也是一種以其人之道還治其人的現象，她以豐富的媒體曝光經驗來回應政治力及媒體的交相攻擊，決不服輸，才會成為一個老來俏的偶像，在政治或是媒體攻擊下，要是沒豎白旗，那就將所有的負分全部轉化為正分，對方的攻擊會全部成為送分行動，金美齡算是撿到媒體評論化遭人厭倦的便宜。

（原載於新新聞736期）

慰安婦風波是眞相之爭？
還是政治鬥爭？

台灣日報座談會紀錄

前言：

　　《台灣論》漫畫中，許文龍短短幾句有關慰安婦的談話，卻在台灣引起一場政治風暴，不只作者小林善紀覺得不可思議，許多民眾也滿頭霧水。慰安婦問題是歷史事件，由於歷史經驗不同，或者事實認知不同，人們有不同的看法，本是正常的事。許文龍的觀點是否「以偏概全」，可以討論，但遺憾的是，由於政客及政黨介入炒作，將慰安婦問題變成政治問題，「仇日」、「反扁」、「反奇美」的情緒挑激，反而蓋過「歷史眞相」的追索。本報特地舉辦座談會，邀請台北市婦女救援基金會董事黃淑玲、作家李昂、當代雜誌總編輯金恆煒、世新大學教授李筱峰等人討論，希望還原「歷史眞相」；同時一併解讀「政治現象」，讓讀者對這次慰安婦風波

獲得較清楚的圖像。

主持人孫慶餘：

　　這次的座談分爲三個題綱，第一是歷史與現實，第二是人權問題，第三是政治介入。現在就針對第一個題綱進行討論。

　　歷史學界有一句名言：「一切歷史都是當代史。」這是克羅齊的名言，說明歷史不只是史料，歷史的意義正在於人按照現在的興趣去思考及解釋歷史。許文龍、小林善紀，乃至台灣的各黨各派，都是根據自己的興趣去思考及解釋歷史，政黨甚至會去利用歷史。但慰安婦的「歷史眞相」顯然只有一個。

　　各位認爲這個「眞相」是什麼？許文龍在特殊歷史時空及歷史經驗下有不同認知，是不是在侮辱慰安婦？而即使某些老一輩台灣人的認知有錯誤，是否就該加以無情撻伐，演成逼迫辭職、解聘、拒用奇美產品等政治風暴？我們就從女士開始。

許、金認知上確實有錯誤

黃淑玲：

　　針對慰安婦眞相問題，我想從兩方面來探討，證明許文龍與金美齡在認知上確實有錯誤。先不談他們兩人認知是怎

麼形成的，首先我要澄清的是日本責任問題，許、金認為日本不用負責任，在1993年日本政府公開的調查報告中，已經正式承認慰安所的營運、及強制徵召慰安婦等，並向受害者表示道歉及反省，只是不肯承認日本政府需負刑事及國家賠償責任，認為舊金山條約已經解決了所有問題，從事人權及婦女運動的團體認為這樣並不夠，這是這幾年來繼續爭取的理由。

另外，聯合國人權委員會特別調查報告、國際法學會委員會、國際勞工組織專門委員會、防止歧視少數委員會，他們都已經提出日本必須負起法律責任，及道歉賠償，很明顯，國際社會普遍認為日本有責任。很多慰安婦運動都是由民間團體發起，尤其給予慰安婦很多聲援的日本婦女團體，她們在呂秀蓮被關時，也給予了相當多的支持，並不是什麼右派團體，不曉得金美齡將之指責為右派團體？將這件事視為反日的情緒？

第二點是，各國有關慰安婦報告已經很多，就台灣部份，認證的有68位台籍，56位婦媛會曾做相關訪談，知道要去做慰安婦的只有3人，其他都不知道，以為是去當護士、看護、煮飯，也有人被軍隊強抓，沒有一個人說是被父母販賣。從這些阿嬤的訪談裡可知，她們是經過欺騙手段或被強迫動員，但金女士一再表示，這些阿嬤是顧及顏面，不肯承認自己是願意去的。

她是一個國策顧問，從媒體的報導中，身為女士的她，

可能有一個階級上的隔閡，不願對這些阿嬤表示同情。我也承認，最近有一個朋友打電話給我，告訴我，她的母親在日據時代曾看過日本政府公告徵募慰安婦，所以認爲慰安婦都是自願前往。許文龍被小林節錄的言論或許是在私下的談話，但他最大的問題是，他在記者會中，態度有些輕慢，對日本政府至少應有譴責，他如果有政治敏感度，應了解慰安婦是台灣親中極右派份子可以用來激起民衆仇恨日本人的議題。

片面貞操觀念對女性沒好處

李昂：

　　每個人都有言論的自由，每個人看的歷史都只是部份，問題是做爲個人的許文龍說出這樣的立詞，被訴諸於文字的話，大家覺得說是個人身份，但他現在是國策顧問，做這樣的發言是否恰當？我在第一天就已提出嚴厲譴責，如果他有說，就應道歉，如果他沒說，應該就事論事。

　　現在他已經道歉了，他不是加害者，不是去徵召慰安婦的人，不是從中牟利的人。他不是加害者，把那麼大的責任及矛頭指向他，我覺得才是模糊焦點，到底誰才是眞正應該譴責的人？

　　另外，這次的風波好像是一個缺口，可以無限上綱到仇日，以及爲什麼責任不只到小林及許文龍，可以擴大到陳水

扁，根本是無限上綱化。慰安婦什麼提供了這個可能性？這絕對與世俗貞操觀念有很大的關係。台灣在日本統治下發生很多殘酷的事，如屠殺原住民、強迫擔任軍伕、慰安婦問題等，但是拿前兩者作為議題，不可能引起那麼多團體的介入及敵愾同仇的感覺。

我一定要強調的是這種貞操觀念是片面的，把這種片面的貞操觀念，一再強調在這些慰安婦身上，一再彰顯她們怎麼被性侵害，這對女性沒什麼好處，只會將這種不合時宜的貞操觀念再強調一次，將兩性的不平等、男性性侵害女性後就比女性高人一等、被性侵害後就家破人亡等觀念再複誦一次給年輕人聽，這對整個社會不是很好的事情。作為一個女性作家，像這像的落伍觀念，應該被提出檢討，不應為了為慰安婦申冤，一味呼應這個觀念，這對婦女運動絕對是一個挫敗。

第二個是，這些阿嬤的反應，讓有些人開始產生反彈。我最近最偉大的事情是在吃美食，前一、二天在吃小吃攤時，剛好電視畫面播出阿嬤的反應，結果，旁邊有一位食客說：「實在很可憐，畢竟是做這行的，見識只到這個地步。」足見社會存有這種片面的貞操觀念，這些利用阿嬤來做這波無限上綱的政治鬥爭，請不要再傷害阿嬤們，讓她們變成社會貞節刻版印象再度出現。小心這種傷害，才是造成對阿嬤的傷害。雖然在這個時機講這種話並不恰當，我還是要提醒。

台日右派人士進行一場意識戰

金恆煒：

　　《台灣論》所引發的並不是慰安婦的問題，但卻引起部份人對《台灣論》的不滿，主要的原因在於《台灣論》作者小林善紀是日本的右派人士，加上台灣反《台灣論》者也是右派，因此，這次的事件爭端在於兩方均屬右派的人，在意識領域上進行了一場戰爭。

　　其次，小林善紀在描繪《台灣論》時，只是隨機訪問一些他所熟識的人，一本沒有經過田野調查方法、沒有參考任何文獻資料的著作，《台灣論》只能被看成一部漫畫，不算是一部歷史著作，相信沒有一個歷史學家會將《台灣論》視為一部歷史。但一些人把漫畫書當成歷史是有很大的問題，那就是為什麼如此一部寬鬆的漫畫著作，有些人卻要看得這麼嚴重。

　　此外，問題的癥結也在於身為日本右派人士的小林善紀，發現日本右派已經逐漸淡忘所謂的「日本精神」，所以他的著作主要是給日本人看的，目的是想喚起日人本身的「日本精神」；但隨後他發現，台灣也有日本精神，因此，他把台灣的日本精神理念投射到書裡面去，才會引發慰安婦的問題。從歷史的角度來看，《台灣論》只是一本漫畫書，不過，當漫畫在台灣發行時，卻沒有注意到台灣政治的複雜

性。

應先界定所謂「強迫」的定義

李筱峰：

　　事件發生至今，尚未釐清的一點就是當初慰安婦是否全都遭到迫害？不過像立委馮滬祥、李慶華、謝啓大等人，大多是生長在戰後，亦或當初根本不在台灣的人士，卻一口咬定當年的慰安婦都是被強迫的，且強烈批評許文龍、蔡焜燦等人的說法是錯的，頗令人懷疑。倒是許文龍、蔡焜燦加上我聽到週遭一些本身生活在日據時代的長輩說，當時確實有些婦女是因爲家裡的經濟不佳而去充當慰安婦，並沒有遭到迫害。對於兩造迴異的說法，民眾應該相信誰呢？因此，追根究底的是，應該先去界定所謂「強迫」的定義。

　　雖然已有阿嬤出面指控說當初是被騙的，但或許可以說，日本是利用各種方式誘騙，不過在進入軍隊後，如果再透過「簽約」的方式，那不算強迫呢？我個人不相信當年的日本警察有權力可以抓人去南洋充當慰安婦。

　　況且，許文龍並不是故意要找機會污辱台灣女性，而是跟來訪的日本記者談論當時日據時代的種種，以及日本對台灣的影響。有客人遠道來訪，總不能不顧禮貌，善盡待客之道。

軍中樂園與慰安婦異曲同工

孫慶餘：

許文龍拿過去國民黨時代的「軍中樂園」與日據時代的慰安婦相比，認為台灣慰安婦「被迫」情形比「軍中樂園」輕微，要追究慰安婦問題，應該先追究「軍中樂園」問題。我早年是在金門當兵，曾與她們談過，她們表示是因為擔任私娼被警察抓而被迫到軍中樂園工作，而每天排隊的官兵不計其數，這個問題可以說相當嚴重。

但許文龍的比較被抗議團體指為「不倫不類」及「將兩者錯誤相比」，請問許文龍真的錯誤嗎？同樣是「被迫」的軍妓，「軍中樂園」與慰安婦在人權的受害上無法相提並論嗎？如果要說「軍中樂園」有其時空背景及無奈性，不能和慰安婦相提並論，那慰安婦是不是也算特殊時空背景下的無奈產物？

趁機成立婦女人權資料館

黃淑玲：

這個問題被提出是相當好的，剛好可以與慰安婦做一個總檢討，也希望能夠趁此成立婦女人權資料館。過去，我一直聽說有這件事，但到目前為止，沒有實際的資料可以去證

明，就婦女團體而言，我們認為有必要去調查清楚，只是很諷刺的，這件事被提出是因為兩派國家認同不一樣的人彼此爭論才被提出的。

以現有極少的資料來看，「軍中樂園」的目的是為了調劑官兵的身心而設立，與慰安婦設置的目的相同，「軍中樂園」要調查是否有類似慰安婦這樣違反人權的事情，不過基本上，整個設置都是不人道的。過去，軍方也一再強調是委託民間辦理，縱使有違法的情形，都是民間的事，與軍方無關，因此有必要進行更深入的調查。

但許文龍將慰安婦與「軍中樂園」相提並論，很明顯要指外來政權國民黨政府也有迫害台灣女性的事情，某一方面指陳了目前跟著馮滬祥燒書的外省老兵正是當時出入八三一的人，與日本軍人有何差別？所以一定會引起政治的紛擾。

李昂：

感謝許文龍把「軍中樂園」這個問題提出來，我作為一個女性作家，都沒有那種反省能力，去反省以前的軍中樂園對女性做了什麼事，我們太習慣於就是這樣子；我覺得他提出這個問題，不僅沒有模糊焦點，反而讓我這個一直以女性議題寫作的作家如雷貫耳，我們應該繼續關注這個議題。

利用女體從事不法勾當

金恆煒：

其實公娼事件更可以清楚了解所謂女權問題。我要質疑的是，台北市長馬英九說，如果有人認爲從事慰安婦是自願的，是沒有人性的說法。因爲馬英九曾說過，公娼是性工作權，那麼是不是變成作台灣人的慰安婦就可以，但作殖民帝國的慰安婦就不可以呢？如果馬英九有誠意，就不該罵別人沒有人性。

用嚴肅的心情來看女性問題，在任何情況下，都不可以有侵犯女權的情事發生，因此，應該譴責所有利用女性身體從事不法勾當的人。

李筱峰：

我過去曾訪問過一位在「軍中樂園」工作的女性工作者，該位女性說，自己以前是做私娼的，但因爲被抓到，所以被送來東引做這樣的工作。而這一種「用另外一種犯罪方式來處罰過去的犯罪」，令人質疑提倡女權運動的標準在哪裡。在談論女權時，這兩件事情是可以相提並論的，不能說日本政府做的就錯，過去國民黨政府做的就對。

泛政治化把焦點模糊了

孫慶餘：

全世界激情的民族主義者都有不願承認國家罪行的問題，如日本右派人士不願承認南京大屠殺，中國右派人士不願承認台灣二二八大屠殺。《台灣論》作者正屬於日本右派。問題是，自蔣介石時代起，中華民國與日本維持親密關係，主要友人都是右派，蔣介石、張群等人並沒不因此被統派冠上「媚日」，而近年李登輝、許文龍的親日談話則被痛責是「媚日」、釣魚台風波及慰安婦風波等也迅速擴大為政治風暴。

各位認為這是否與當事人的發言方式有關？還是政治鬥爭及政黨對抗的需要使然？還是媒體過度發達、資訊過度氾濫所致？

婦援會當初提議很小心

黃淑玲：

我同意整個事件被泛政治化得非常嚴重。婦援會當初在提出這個議題時，相當小心，避免被泛政治化，但當事情愈演愈烈，在媒體大肆報導下，阿嬤們很生氣，甚至有一個阿嬤把最近的報紙報導都收集了起來。她們認為要得到一個公

平的對待。在我們看來，這是阿嬤們一個療傷的過程，她們認為挺身出來與許文龍做對證，才能證明她們講的話是對的，對社會有教育的功能，因此願意獻身出來，我們當然必須以阿嬤的訴求為我們運動目的的主體。

我要強調不是婦媛會主動打電話告訴她們許文龍的言論，是她們自己聽到了。我也呼籲大家，除了泛政治化的那部份外，應把焦點放在阿嬤的身上、她們個人被當作性奴隸的親身遭遇及回來後那段遭遇對她們的影響；很可惜的是，由於整件事被泛政治化後把焦點模糊了，我不單單譴責那些引發政治風暴的立委們，也譴責許文龍，這些阿嬤被迫害的事實已經那麼明顯了，她們十年來沒有改口過，為什麼還是有人不相信？

主張禁書，大開民主倒車

李昂：

我要強烈譴責的一點是，我自己的小說一直徘徊在被禁的邊緣，我在寫出《暗夜》時，立法委員質詢，新聞局發函給出版社，要求刪除某些文字，否則將被禁。我自己是走過被禁書的作者，對於那種不尊重言論自由要求把書禁掉或禁止小林出入境的聲音，簡直是大開民主及言論自由的倒車，在民主國家，是相當不可思議的，這應該被譴責。至於燒書，那就是個人自由了。

　　我不是支持小林的言論，我覺得這是自由與人權的問題，不可以在這件事中被抹煞掉。

　　我想信在日本小林不是主流意見。日本知名的女性主義作家上野千鶴子，著有許多有關慰安婦的書籍及推動很多相關活動，尤其是韓國部份，她們曾對日本軍國主義時期做了相當的反省，包括在日本軍國主義時代一些前衛的女性主義者。一般而言，女權主義者通常是站在時代尖端、正義的一方，但據她研究，很多優秀的女性主義者，與軍國主義者站在一起，因為她們認為這是光輝的祖國夢想。

　　我覺得這可以給女性主義者一些反思，請大家小心，不要到很多年後，社會更民主、觀念更清楚，妳發現自己曾經做了哪個政黨或政策的幫凶，被後來的女性主義者檢討。我與介入這件紛爭的女性主義者共勉之。

反李人士找到批判突破口

金恆煒：

　　從書中可以看出小林善紀是一個反中國情緒很嚴重的作者，而這種反中國的心態和他來台灣所接觸到的人完全吻合，因此，不能將《台灣論》視為一個單獨的問題來看；昔日李登輝主政時代，曾邀司馬遼太郎訪台，加上當時有關台灣自由的爭辯，這些因此與《台灣論》所引發的風波接連在一起，剛好形成一個「光譜」而這些都是國內反李（指李登

輝）人士最討厭看到的，慰安婦爭議只是讓國內的反李人士找到批判的突破口。

過去雖有批判司馬遼太郎訪台與台灣自由等爭議，但都不至於變成政治事件，不過今天我們所看的事，部份人士用慰安婦議題來籠蓋整個事件，而沒有去追究《台灣論》的內容有錯，到底是小林還是許文龍的責任。因此，他們焚燒《台灣論》，打擊許文龍，用非常激烈的右派手段來對付這個事件，本質上的政治意味就很濃烈。

此外，小林本身也必須面對身為殖民帝國的人，應如何來面對本身殖民帝國的問題，這在先天上本來就是一個難題，因此，也必須探討小林善紀在出版《台灣論》時，是否已經克服這個落差。

從二二八事件來看，二二八事件是過去國民黨所做的，但現在的國民黨人卻也痛責二二八事件的發生，我們是否可以將現在和過去的國民黨人分開呢？同理，我們是否也可將小林和過去殖民帝國的日本人分開來看待？

「慰安婦」所引發的爭議不應該跟《台灣論》掛勾在一起，因為可能會有被利用的情況發生，這是一個策略問題，當部份人背後有政治目的時，在想達到目的的過程中，慰安婦就被犧牲掉了。

以至於變成政治鬥爭主要還是，具有「反中國」心理的小林，喜歡台灣的民主化，正好符合當前台灣政治氣候裡，本土化與大中國之間的鬥爭；其次，爭論中也隱含了族群問

題，部份中國化的媒體在處理這個議題時也都盡量淡化。

政客鬥爭造成阿嬤三度傷害

李筱峰：

也許有很多人說許文龍與蔡焜燦兩人是以偏概全，但以歷史的角度來看，構成一部歷史可以有許多面貌，不過當很多以偏概全的人在口述歷史的過程中，最後卻得到相同的結果時，我們是不是可以說，這些有親身經驗的人比起那些沒有機會看到的人來講這件事，還更有論述？

慰安婦有沒有受到強迫，純然是定義不同所致，重要的是必須先去了解當時法令如何制定；但今天部份人士什麼都不去查，就一口咬定被迫害，儼然已成為一場政治鬥爭。

《台灣論》所引發的爭議包含兩個層面，第一是女權問題，其次是民族主義，但現在這兩個議題形同打混仗的局面。這些時日雖然有很多年輕人參與為阿嬤討回公道的行列，但到底是因尊重女權，還是被教育所調教出來的仇日情緒導致如此，有必要再探討。

長期以來社會上所使用的符號，一直在制約著我們仇日、反日的心理，過去一旦有人說日本好，就會被認為是「不得了」的事情，因此，如果年輕人夾雜著這樣的理念，顯然就不是強調尊重女權了。

任何從事政治運動的人，不管談論什麼議題，不能只是

議題本身去打轉，務必要從大環境來看，如果因為親中、反日的政客故意在炒作這個議題，結果將會是這些阿嬤們的第三度傷害。

（記者陳秀枝、陳保光整理；原載於3月2日台灣日報）

統派抵制小林善紀《台灣論》的背景與分析

黃爾璇 國會辦公室主辦

前言：

小林善紀《台灣論》這本漫畫書在台灣引起廣泛的討論，發展至今，似乎已經讓人有點摸不著問題的真正本質，也偏離了最初的人道關懷，儼然變成為一場政治鬥爭與政治風暴。就在3月2日內政部做出限制小林入境的處分後，3月3日又經行政院新聞局改口仍要再作斟酌的反覆決策，本報特此刊出由黃爾璇國會辦公室主辦的「統派抵制小林善紀《台灣論》的背景與分析」研討會的摘要。

黃爾璇（立法委員）：

最近台灣內部統派人士，為了小林善紀的《台灣論》，想

盡辦法打壓，抓到慰安婦的話題，是弱勢的、大家同情的、都在關心的、很同情的慰安婦問題，目標對準國策顧問許文龍先生，後來目標更升高到前衛出版社，並燒書要求禁止出版，並要求行政部門不讓小林善紀進入台灣，進一步提案要求有關在書中發言者，如許文龍先生、蔡焜燦、被畫出來的羅福全、金美齡來立法院報告說明。外交委員會並提案羅代表回台灣說明，這些動作是非常囂張，無法忍受的。

台灣慰安婦問題，是我們長期關心的，日本政府最先對慰安婦是軟弱，但國際重視也提出調查報告，甚至向世界各國抱歉。1990年以基金會名義提出補償。台灣1991年駐日代表許水德也開始反應，但無回應。1993年民進黨立委葉菊蘭、翁金珠先提案以內政部編預算補償。民進黨在此是很先開始的，外界不要誤會，只統派幾個人支持。對慰安婦問題，在座各位已初步交換意見，均對此有相當研究，認為此一問題是多樣化的，包括韓國、馬來西亞、中國、台灣、菲律賓、越南、印尼，日本本國本來也有，都有這個問題，其中八成是韓國人，台灣也有部份，裡頭多數是強制，也有自願的，所以認知是多樣化的。

許文龍先生在書中接受訪問，可以說是口述歷史，老一輩對過去日本統治的經驗，自由自在提出自己意見，只是說聽幾位講的而已。台灣的言論自由、出版自由，我們要保留，不要為慰安婦問題再來掀起台灣過去被統治的悲痛。台灣歷史要尊重台灣人過去的經驗，讓人民自由自在發表過去

的觀感，過去日治時代和國民黨時候，都是外來政權來解釋台灣歷史，台灣人對過去、現在都沒有提出自己意見的自由。台灣很不幸，日治時期是外來政權，戰後二度外來政權，慰安婦問題不能解決，就是戰後遇到二次外來政權。

台灣沒有獨立建國，所以日本因為對台灣國家地位、主權問題，對蔣介石說要以德報怨，所以對日本兵、軍票賠償遲遲無法解決。所以和韓國比起來，我們要求對慰安婦的賠償和關心都無法進行，是因為二度外來政權緣故。統派人士都忽略這點，並掀起過去，不讓台灣人回憶兩外來政權的生活經驗，這主要原因，是怕《台灣論》喚起台灣人回憶，拓以趕緊抵制，並對新政府提出抵制。所以全部台灣人也有義務站起來說自己心聲。

王世勛（立法委員）：

統派知道有《台灣論》時，當時還未在台灣出版，統派就很有意見，過去李登輝和日本作家有碰面，回去在日本媒體發表者，統派媒體都很不滿，這次利用慰安婦問題藉題發揮，這問題歷史真相到底為何，要共同關心。慰安婦是時代產生的一個悲劇，我想連許文龍先生也很同情，所以這是統派藉題發揮的問題。

在此提醒統派媒體，統派作家李敖曾批評蔣中正以德報怨政策基本是錯的，這句話從孔子的書中引出，整句話是「以德報怨，何以報德？」基本上，蔣中正對日本不追究的原

則，是相當違反目前統派強調的理論，希望所有貴賓，藉由討論會，讓全國知道統派抵制小林，是親共媚共的企圖在其中，讓大家知道這個事實。

李喬（台灣筆會會長）：

我是絕對的仇日者。根據史料，日本在太平洋戰爭中，男女分為兩類，一是召募，早期叫拓男戰士，是去作監工的，台灣勞務青年、南方青年挺身隊、新亞勞動青年團、戰地挺身隊，這些是早期的，名目上是召募的，不是強迫的。女生部份有兩部份，一是愛國女子奉侍隊，一是「特志看護婦」，特別志願看護婦，和1942年台灣第一屆特別志願兵一樣，掛名特志，但是半強迫，名目上比較是召募的。後期的有海軍工員、台軍工員，這非常多，人現在多還活著。第二部份是奉工，男女都有，在地所取的，到了1942年陸軍志願兵。

1944年8月2日宣布台灣進入戰場狀態，整個體制有所改變，另外，原住民，有「高砂挺進隊」、「高砂敵陣突擊隊」，以上敘述，像愛國女子奉侍隊，「特志看護婦」，名義上是志願的，1942年戰備以後是不是到戰場後有威迫利誘，可以推論。

到今天為止，台灣史料收集家和日本學者，我均問過，五十年來，找得到的政治公文書，只有日本和韓國，台灣找不到，這是五十年來大家努力的資料，如果可能，這麼關心

台灣慰安婦的統派，希望他們可以找出公文書來，這是學術文化的東西。到昨天為止，並沒有這些東西，但是我們可以評估，有些台灣人到了戰地，威迫利誘下成為慰安婦是絕對合理的。

慰安婦這個名詞不是漢文，是日本人的，我想，台灣歷史從沒有做重要階投的反省檢討，一個文化、政治、社會史，甚至是精神的，應該以學術的層面做一個釐清、瞭解，這是非常重要的。台灣人到南洋有五萬人以上，至少三萬人葬身異域，這公家民間都沒有人去碰，日本政府、民間遺屬都會去所謂靈祭，台灣沒有，從此一角度看是非常有意義的。

但今天所看到的都是政治鬥爭，實際上是該由誰去追查？現在台灣人好像被莫名其妙的遠親把我們賣到妓女戶，賣身台灣的人說，被人強暴的台灣應該去找誰？現在台灣就是被遮著眼睛說賣給妓女戶的人，這樣的政治鬥爭實在很沒有意思。少數的外省中國人聲東擊西，項莊舞劍，大家都看得清楚。

那些可憐的老伯伯、老太太們被利用了這一次，以後我保證不會再被提了。要給日本提出要求賠償，這些人是不會去碰的。這種吃相很難看的鬥爭是可以排隊的，從李遠哲、許文龍先生，我們可以來猜下一個是誰？後面只罵阿扁，但他面對的是全台灣。

我活到這年代，看過很多這種事，族群問題，我一定用

最好的詞彙不要造成對立，今天哪一個外省人沒有幾個好的本省朋友？台灣人哪個沒有幾個好的外省朋友？現在外省人自己切斷了，所謂外省人已經沒有了，只有「新住民」，我們尊重他們當一個外省人，但是少數外省中國人憑什麼以鬥爭說大家跟他來，為什麼會這樣？

　　日本和台灣法律上是不公平的，但是在台灣留下的業績是有法治的，比較正直不說謊，大家是可以認同的。中國帶來的最大傷害是，依法行政的關係徹底摧毀，這是現代國家最根本的東西卻毀掉了，還不回頭檢討，還不反省。

揚台批中　難合統派胃口

李永熾（台大歷史系教授）：

　　這本書中，事實上，在日本不分什麼派別，但書中從文本來看，很清楚就是四個字「揚台批中」，一直捧台灣，對中國一直貶抑，批判得很厲害。這四個字是這本書整體非常重要的意思。《台灣論》的重點何在？他不止訪問政治人物，如果只是訪問這些人，我們會說他怎樣怎樣，裡頭政治人物有李登輝，兩個實業家蔡焜燦、許文龍先生，也訪過陳水扁，也訪問很多俗民階級，如茶莊老闆，從這裡可以探討台灣為何走到如此局面，是什麼動力呢？

　　這裡面發現重要現象，老一輩先生，不管實業家、俗民，都含有日本精神。日本精神是什麼？裡面詮釋是不是對

呢？這些是可以檢討的問題。但是我們先看他所謂日本精神是什麼？我們以日本意思來說就是「奉公滅私」，就是公在私上面。公是什麼？國家也是一種非常重要的公。他藉此台灣精神裡含有的日本精神的一部份，來論述台灣可發展至此的一個重要動力。奉公滅私的主要精神又是什麼？就是台灣人很團結，有秩序感、倫理感等等。這是他認為日本殖民留給台灣很重要的東西。這些東西也證明逐漸流失，也在最後一章說得很清楚。

整個來說，是對台灣捧得非常高，你想想看，統派的人，一定會說台灣有今日，是因蔣介石、蔣經國的成果，絕對不是日本，也絕不是李登輝，這些都是媚中的統派這些人所用論述。

小小歷史過去 變成鬥爭工具

王幸男（立法委員）

1999年慰安婦報告出來，距今才一年多，我想全台沒有超過一百人去看到慰安婦調查報告，所以報告中是非常嚴肅地，對過去受到痛苦的婦心關心很重要議題，一個很專業的議題，歷史學家應該要處理的問題。但是很少人去看這報告，包括許文龍先生也沒看到，所以許文龍先生只能用在日本時代受統治所知的簡單的有效的事實來講出來，這個事實並非說慰安婦都是自願作賤地來賺錢，他完全沒有這個意

思,這一點要說清楚。

第二,當在日本時代受統治時,我若是許文龍先生,不像現在媒體如此方便,電視台這麼多,資訊也不如此公開,大家聽的都是一點點,很像瞎子摸象,有摸到腳、鼻子、尾巴的都有,湊一湊之後,個人說自己摸到的就是象,事實是因資訊不夠。過去資訊不夠,大家有個人看法,這是很正常的,怎會如此就變成漢奸?為何要因許文龍先生,阿扁就要負責,也要受責備,所以李喬剛剛所說,從李遠哲、許文龍先生,後面是誰呢?我們就知道這一系列對阿扁身邊的人斬草除根,有黑暗的政治目的,就是要讓阿扁倒台,讓阿扁身邊為阿扁政權打拚的人,像草一般連根拔掉。所以此一事實,今日研討會名稱即很清楚,統派為了要抵制小林《台灣論》,為了他們自己目的,希望台灣倒,變成中國一部份、統治的一省,無所不用其極。

原本是一個小小的言論,引用你的東西,卻來放大到極限,許文龍先生在客廳所講的言論,亦非對外發表,也非作資政後才公開說的,都是以前說的事情,在自家都可以有自己對歷史的看法,這麼簡單的看法,為何被放大到台灣人媚日?變成台灣人是漢奸?所以統派這些人,如果真的對婦女有關心、疼愛,來台灣統治時所設的軍中樂園,難道那都是應該對這些外省人用身體慰安的嗎?你們曾經表示過關心與疼愛嗎?沒有。這樣的比較,我希望放進對歷史的良心與良知,可以喚醒真正政治良知,不要用一個小小歷史的過去,

變成鬥爭工具。

李旺台（二二八事件基金會執行長）：

　　《台灣論》事件發生後，我上週回到鄉下問我父母，許文龍先生說的話，是否眞的呢？他們說在南台灣，這種事是拐騙的，但有錢可領，三分之二是家裡領，三分之一在部隊領。我問丈母娘：「你們庄中有無被抓去做女子挺身隊的？」她說做女子挺身隊是被人羨慕的。爲何如此說呢？因爲當時社會即是如此。當初日本人眞請他們寫志願書的，志願者還得甄選，問題關鍵在沒有說要到部隊做什麼事。當時資訊不發達，有某某家的女孩在外地，如香港做護士，錢有部份是家裡領，部份在部隊領，所以這有二種狀況要思考。

　　在日本皇民化末期，是最高峰的時候，男的爲天皇去戰爭作戰，犧牲生命，女子去部隊服務這些男生，在這種社會氣氛情境，變成日本政府很容易去誘拐、勸誘、執行當年日本軍政府這樣的政令。這是當年的環境與社會情境，主因是皇民化的教育到那時是高峰期。

　　第二個原因是當年社會貧窮，作女子挺身隊是有報酬的。三分之二父母領，當年家庭都生很多子女，例如三、四個中有一個去做女子挺身隊，父母有收入，對女子來說是很好的事情。在當時做女子挺身隊都要寫自願書，甄選到部隊是被騙做裁縫或護士是事實的，這是當時社會不對的事情。今天我強調，社會是多面的，我剛剛所說的是南台灣鄉下，

我父母所聽的，所以歷史是多面的，學術上要全面調查，讓歷史的眞相全面出來，這是第二點強調的。

藉書反日是幌子 實反陳水扁政府

林重謨（立法委員）：

最近立法院動態，我大致報告，大概是在野聯盟和統派接管立法院，在社會造成很大風波，這是我們要鼓勵阿扁政府加強的地方。最近我在Call In節目強烈護扁，最近因喉嚨痛少上節目，就有記者問我是不是放棄護扁。而且阿扁政府有過於委曲求全的情形。中國的文化是拿是拿到機會就鬥爭，就像我今天好意帶水果到你家拜訪，他會說你是要來道歉。

看看這些統派，如果要曾志朗將慰安婦列入教材，我問他怎麼列入。如果要列入你也要先向我調查。我親眼看到兩件事，四十年前，我看到隔壁鄰居的女生，抱著兩個弟弟在哭，因爲他們母親死掉，父親生病，眞的被人口販子帶走，賣掉三年兩萬元。我親眼看到，當場淚流不止。

第二是我在碧潭，三十年前遇到酒家女，他帶美軍去碧潭，我當時讀大學很窮，沒什麼可以吃，她故意替美軍叫很多東西吃，利用這機會叫我們一起吃，要分我們吃。其中有兩個同學罵她，說這種東西不能吃。我說你這種人沒良心，應該要有行動，沒有行動是沒有用的。現在統派很敢行動，

馮滬祥敢找老兵燒書,不超過十個,我們的人在哪裡?我在此有感而發,若有得罪,非常抱歉。

鄭欽仁(前台大歷史系教授):

蔣介石、張群、何應欽從日本拿很多好處,卻叫台灣人反日、仇日。毛澤東、周恩來也向日本拿很多好處,又想向美國拿軍事情報對抗當時蘇聯,就叫中國人民反日。一方面反日,一方面軍備。鄧小平一天到晚批評日本教科書,但又要拿日本經濟利益,批評完了又開口借錢。

我的意見是《台灣論》很嚴謹,為何如此說?因為有四十三種參考文獻,連偽造史料的戴國煇的作品也在其中,所以重要的就是作者的態度,而且內容非常豐富。《台灣論》不只採訪高層人士、知識份子,還到地方採訪,了解民間;例如去問路,有人會擔心到底走對沒?等其走對才安心。所以台灣人情與中國大陸絕對不同。

所以可以看最後一章,它以台灣非常感動的情感來闡述,您可以先看這裡再來讀這本書,小林是被蔡焜燦、李登輝所感動才來寫這本書。我的孩子說:「老爸您看漫畫書還做筆記劃紅線啊!」我是要分析他是怎麼寫的,是要比較文明、文化的。以前是日本政權,再來是國民黨來,以後要是美國來呢?台灣人會很淒慘。除了文化之外,也比較出殖民的統治,也很清楚說出他就是殖民地統治。

《台灣論》有一點很有趣的是,不只是台灣現況,歷史也

有交代。有很多人不知道李登輝的中國政策是什麼，李登輝講「中華民國在台灣」的意思書中說得很清楚。他也說中國的民族主義是血統的民族主義，是血緣關係，這種觀念是落伍的。若說，我們是炎黃子孫，那麼以DNA破解就很簡單，台灣人是什麼人就很容易了解。若要用血統來講，大家就可以用血統來講，台灣人就不是中國人。中國是因受西方外來影響，才有國號產生，梁啓超作品已很清楚說了這些問題。

最後有一個問題，這實在是一個政治鬥爭，而非慰安婦問題。他們是站在中國人利益反日，還是站在台灣人利益反日？這是一環陰謀。現在為了一本書反日，最重要是反陳水扁政府。

王麗華（台南神學院教授）：

許文龍先生根據生活環境來說這些話沒錯，是歷史事實，我不是替他說話，因為他生長環境和我一樣，都是在台南的「新町」區，他問的都是新町妓女。在故鄉賺錢會被輕視，到外邦賺錢，日本政府當時有很好的衛生管理，家人得到安頓，福利很好，所以對她們來說，不一定認為是出人頭地，但至少會改善生活。這是部份事實，我們南部人很多出來證明，你若看南部版報紙都有採訪報導。我帶來的地圖說明的是，日本時代有妓女集中區，不像現在台北色情亂竄，日治時期成人若要玩樂就到那邊玩樂，不要教壞小孩，這是很好的都市計畫與管理，和現在不同。為何媒體不去查證？

許文龍先生為何會有這種看法？因為他生長就是這種地區，就是因為每天都和妓女相處，也不會輕視她們，大家都有往來，都稱她們「阿姐」。但不了解者，才會糟蹋、輕視她們。

我覺得台灣要輕視的是出賣靈魂的人，大中國主義的媒體是妓女不如，妓女出賣身體，造福家庭，更造福社會；但是大中國媒體出賣靈魂，然後造成社會紛亂，從中得利，未造福任何人，也無社會意義。所以我以前就寫詩批評媒體，所以我們要去查證。外省中國人不了解，利用這種情形做話題，大家應了解許文龍先生生長環境後再作評斷。

沈建德（前中興大學教授，歷史統計學者）：

我看了書，認為經許文龍先生的調查，有些慰安婦是有自願情形的。我住在屏東里港，看到民視報導說有一個住在里港曾任日本軍醫的人說，當時是有自願的沒錯，所以問題已經很清楚，不要再吵了。

現在要調查的是當時的背景，而這件事也是藉題發揮的事情。這些被藉題發揮的，我歸納了五大點。

第一是肯定李登輝；第二和阿扁有交情；第三是肯定台灣是獨立國家，和中國無關；第四是批評蔣介石；第五是肯定日本在殖民時對台灣的建設。我分析起來已經很清楚，問題在此。《台灣論》剛好從統派的心臟插入，許文龍先生的發言被作為發洩對象。為何他們如此怕，台灣人卻不會？這是要討論的背景。

施正鋒（淡大公行系教授）：

我是留美的，並無日本經驗，但是對日本愛恨交織，因為小時候聽過林獻堂被日本人流氓打耳光事件，我祖父也曾被日本人打過耳光。我並不媚日，但也不恨日。《台灣論》引起統派這麼大的反彈　就是它裡頭論調反中國。所以台灣的中國民族主義者，用這些稻草人反日，挑戰日本民族主義，其實是要打擊本土派，同時也是為了年底的選舉。但更好笑的是，民進黨的人沒知識，在敵人設的圈子裡，隨魔鬼音符跳舞。

另外就是說民進黨這些人無情無義，去年選舉若無許文龍先生，那些支持本土派的票源，怎會支持民進黨？試想，三年後又將怎麼樣呢？

《台灣論》是寫給日本人看的，日本人和德國人不一樣，德國人戰後面對屠殺猶太人事件承認道歉，所以認同可以重新建立。但是日本人不一樣，拼命賺錢，無法面對二次世界大戰，但是當中國人說南京事件時，卻又好像很羞愧的樣子。看英國、法國對過去曾殖民的地方都有照顧，但日本人看台灣殖民都甚覺不好意思，所以日本集體認同無法正面建立。

所以小林善紀《台灣論》是很好的開始，可以面對過去，但我們不一定要同意他的史觀。我們可以看到小林覺得很奇怪的是，在日本的日本精神已經不在了，卻在一個海外

的台灣還保存完整的日本精神。我看到李登輝等老一輩有日本精神，但是美麗島事件以後的第三代已經無日本精神，說的跟做的都不一樣，無法信任。這不是日本人欠缺的日本精神，連台灣也欠缺做事的日本精神。

再來台灣統派很奇怪，反對軍國主義，走中國主義，不知道他是台灣人還是中國人。但是他沒看到近年中共在福建部署幾百個飛彈，都不吭半句？馮滬祥、李慶安說為了台灣人的尊嚴，是真的嗎？我覺得很奇怪，台灣人為什麼都不說話？我看到那些立委上Call In都很生氣，因為沒知識還要爭，上媒體就會選舉再當選，我不相信。

蔡同榮（立法委員）：

最近要談慰安婦不幸遭遇，值得同情，所以我們要要求政府去向日本政府要求賠償。許文龍先生對台灣民主運動、本土化運動貢獻很多，為了慰安婦事件也公開道歉，所以這件事應該告一段落。

《台灣論》總共二百七十二頁，慰安婦只佔了一頁，現在有心人士卻用這一頁大力宣揚，卻蓋過《台灣論》的論調，《台灣論》很多觀點我們認同，統派卻會跳腳的，例如讚賞李登輝、阿扁、許文龍先生等等，也說日本人欣賞有日本精神，但日本人的日本精神已漸漸消失，反而台灣人保有日本精神，也比較日本殖民地統治和國民黨殖民地統治，認為日本人殖民地統治比國民黨好。

　　這些讓有中國心結、統派的人看了很心痛，他們利用慰安婦事件攻擊這本書，叫大家不要去買、不要看，是藉題發揮。統派的人對台灣都無愛心，以前我在美國主張台獨，一有機會就回台灣和鄉親一起打拚，那些統派的人，說要和中國大陸統一，他們也要有氣魄說要回中國大陸打拚吧。他們聯合中國大陸要取得台灣，但卻不敢去住中國大陸。中國大陸的政治制度和生活方式，不只我們害怕，就連主張統派的人也害怕，也不敢去那裡生活。

　　這種沒良心、道義上完全站不住腳的統派，我們不要中計。有本土意識的人，要站起來維護台灣安全，對這本書，有台灣心的人要慎重推薦，多看這本書。

（原載於3月4日台灣日報）

國家圖書館出版品預行編目資料

台灣論風暴／前衛編輯部編.
　－－初版.－－台北市：前衛，2001〔民90〕
　320面；15×21公分.

　ISBN 957‐801‐298‐5(平裝)

　1.政治－－臺灣

573.09　　　　　　　　　　　　　　90005208

《 台灣論風暴 》

編　　者／前衛編輯部

出版者

前衛出版社

地址：106台北市信義路二段34號6樓

電話：02‐23560301　傳眞：02‐23964553

郵撥：05625551　前衛出版社

E-mail：a4791@ms15.hinet.net

Internet：http://www.avanguard.com.tw

執行編輯／前衛各編輯

法律顧問／汪紹銘律師・林峰正律師

總代理

旭昇圖書公司

地址：台北縣中和市中山路二段352號2樓

電話：02‐22451480　傳眞：02‐22451479

出版日期／2001年6月初版第一刷

Copyright ⓒ 2001　Avanguard Publishing Company
Printed in Taiwan　　　　　ISBN 957-801-298-5

定價／250元